贵州省教育厅教改课题

课题名称:"大学生心理健康教育"课程的"线上+线下"教学模式研究,课题编号: 2018520135

青少年的心理成长探究

马 燕 著

九州出版社
JIUZHOUPRESS

图书在版编目（CIP）数据

青少年的心理成长探究／马燕著．－－北京：九州

出版社，2022.6

ISBN 978-7-5225-1037-8

Ⅰ.①青… Ⅱ.①马… Ⅲ.①青少年—心理健康—健

康教育—研究 Ⅳ.①G444

中国版本图书馆 CIP 数据核字（2022）第 117314 号

青少年的心理成长探究

作　　者	马　燕　著	
责任编辑	沧　桑	
出版发行	九州出版社	
地　　址	北京市西城区阜外大街甲 35 号（100037）	
发行电话	（010）68992190/3/5/6	
网　　址	www.jiuzhoupress.com	
印　　刷	唐山才智印刷有限公司	
开　　本	710 毫米×1000 毫米　16 开	
印　　张	11	
字　　数	151 千字	
版　　次	2023 年 1 月第 1 版	
印　　次	2023 年 1 月第 1 次印刷	
书　　号	ISBN 978-7-5225-1037-8	
定　　价	85.00 元	

前　言

　　大约从 20 世纪 90 年代开始，"留守儿童"这一词汇逐渐出现在大众的视野中。目前，人们所关注的最初的那些留守儿童群体，已经开始陆续进入大学生活甚至是社会生活。

　　这本书里的观点大多来源于笔者的工作经历和成长过程中的一些心得体悟。笔者出生在东部沿海地区，虽说大学、研究生学习的都是心理学，但是对于各个地域的文化、经济的差异仍旧是没有非常深刻和具体的体会。后来任教于西南地区的一所大学，笔者工作的环境，让笔者接触到了很多曾经有留守经历的青少年，也让"留守"这个曾经的标签重新显现出来。在与这些青少年进行交流的过程中，笔者看到了很多的青少年处于盲目、迷失的状态，被过去的创伤困住，低自尊，亏待自己，无法成长。当然笔者也看到了很多努力奋进、创造个人价值的人。可以说这些留守的经历造就了他们性格的独特性以及特有的烦恼，也给每个人的内心成长和发展带来了不可忽视的影响，让很多青少年一代的内心产生了持久性的变化。他们可能变得异常独立，通常情况下都具有十分优秀的忍耐能力，非常坚韧，可以忍受痛苦，无论是身体上的还是心理上的；但同时他们的心灵有一定的封闭，很难开放和产生信任。作为一名心理咨询工作者，笔者一方面敬佩他们的坚韧，另一方面也心疼他们的孤独。正是由于这样的一个初心，促使笔者想要写作这样一本书，把笔者看到的、想说的写下来，让青少年有机会知道其他更多的可能。

心理的成长或成熟是一个非常复杂的过程，是我们每个人的人生课题。心理咨询和心理治疗可以有效地提供必要的帮助，但是过程是漫长的。关于何为心理成长，心理可以怎样成长以及需要成长为何种样貌，在心理学的不同理论流派下会有不同的答案。本书中，笔者主要以心理动力学，尤其是从荣格分析心理学的视角出发，结合文化心理学、社会心理学等的内容来叙述自己的观点。

书中有很多的故事、案例，部分案例来源于笔者工作中接触过的真实案例改编。为了保护个人的隐私，对这些案例的背景都进行了改写或者模糊处理，请读者不要对号入座。

目　录
CONTENTS

第一章

认识你自己

希腊特尔斐神殿的石碑上书写着"认识你自己"（know yourself）这样一句神谕。这看似简单的一句话，所揭示的深意却亘古不变地影响着后人。

我是谁

现实生活中，我们可能终其一生都对自己一知半解，搞不清楚自己为何做这样的选择，为何会到现在这个地方，为什么会喜欢或者讨厌某个人。也许有的时候，我们认为自己有理有据，认为自己的选择是通过理性思考得到的，但实际上如果刨根问底地问问自己，我们又有多少比例的选择是完全理性的深思熟虑，而不是凭着某种内心的感觉、喜欢抑或者是冲动做出的决定？

人，为什么要认识自己？笔者认为，这个问题的答案肯定不仅仅是好奇，但却是和好奇有着莫大的关系。是的，我们都会好奇，好奇才会有探索、有思考：我从哪里来，要到哪里去，我的一生要做些什么，为什么我没有朋友，为什么我没有晋升，我擅长什么，我的能力极限又在哪里……对所有这些问题的好奇会促使我们认识自己。不仅如此，我们发展关系，去理解别人的前提也是认识自己，就像是物理学中参照物的概念，如果缺少了"我"这个参照物，对他人的理解和认识也就无法校准。我们的一生就是在不断地认识自己。这也从另一个角度说明了认识自己的难度。

认识自己为什么很难？学习了一点儿心理学知识之后，我们就会知道有个词叫作"无意识"或者"潜意识"。它所指代的是在我们意识之外的一切没有被意识到的内容。关于意识和潜意识的冰山图（如图1-1），形象地告诉我们：潜意识的庞大，意识的渺小。

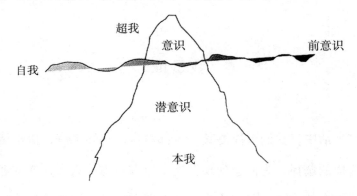

图1-1 冰山模型

从这个角度看，我们很多的选择其实都是理性上不可计算的，我们所认为的自己，也有很多冰山下动力的存在。很多的选择和行为都是在潜意识的引导下做出的。举个例子，小A突然很想喝奶茶，于是小A决定去买一杯奶茶。这应该是一个看起来简单、直接的决定。但是在这一系列动作完成的背后，还有很多隐秘的角落。小A为什么会在这个时间想喝奶茶呢？是因为突然有了某个回忆？突然嘴巴里面有这样的一个需求？是因为当前的这个场景让小 A 想起了什么？是因为小 A 肚子饿了？然后，小 A 选择哪一家奶茶店，买哪一种奶茶呢？这里面是否有奶茶店的营销技巧，奶茶店的广告给了小 A 某种心理暗示，让小 A 买了这家店而非是那一家店的丝袜奶茶呢？还是说仍旧是小 A 曾经的某个美好或者遗憾的回忆让小 A 买了丝袜奶茶呢？这样刨根问底地问一下自己，就会发现：做出任何选择和决定从来都不简单。

认识自己，从来都不是一件容易的事情。这既可以是关于一个人人生的问题，也可以是一个群体的哲学问题。心理学认为，了解和认识自己既是我们通常所讲的情商的重要部分，也是一个人心理成熟健康的重要组成部分。无论是从自己的社会化、求职、求偶等方面，还是哲学上对于自己生命意义的思考方面，更好地认识自己是每个人需要终其一生去面对的问题。

对于这个问题，我们可能先需要界定清楚"我是谁？"

在人类降生之初，是没有"自我"概念的，那个时候的世界是混沌一体的。如果你是一个细致观察的人，你可能也会发现，小孩子并不是在一开始就会说"我"、天然就能够理解"我"这个概念的。一般情况下，2—3 岁的时候，儿童才能够从语言上说出"我"这个字，而在"我"字出现之前，儿童通常都会沿用大人对自己的称呼，比如"宝宝如何如何"，或者用自己的小名来指代自己，如"明明如何如何"。能够用"我"这个称呼来指代自己时，就标志着儿童自我意识的形成。有了"我"，就有了区分，也就有了"非我"，这既是人类思维的一大飞跃，也同时伴随有焦虑和丧失感，因为小孩子惊讶地发现：妈妈不是我，妈妈和我不是一个人。

在有了区分之后，这个所谓的"我"会逐渐变得复杂。对于不同学派中"我"的概念的区分我们不在这里展开，笔者更想说的是既然心理发展机制的设定是随着思想的不断成熟让我们有了一个"我"的概念，那我们需要做的就是不断去认识他、了解他。

我们可以回忆一下，当别人问"你是谁"的时候，我们是如何回答的？我们也许会告诉他：我的名字，我从哪里来，我要去哪里，我属于××班级（组织），我多高，我多重，我学的是什么专业，我有什么兴趣爱好，我的性格如何等等。我们可以从这里面总结出来这样三类"我是谁"的信息。

生理属性的：包括性别、身高、体重等基本的生理特征。

心理属性的：比如性格、爱好、兴趣、能力等等，包含了知情意等信息的特点。

社会属性的：所属的社会组织、社会角色等相关的信息。

其中，生理属性的"我"和社会属性的"我"是相对客观的，也是我们比较容易去确认和区分的，甚至在介绍自己的时候也是我们引用最多的：我叫什么，我多大，我来自哪里（家乡、班级、单位、组织等）。而心理属性的"我"则是相对较难认识的，也是通常我们所说的"认识你自己"的真正核心内容。例如，让你在一个公共场合作"我叫什么""我多大"的自我介绍会非常容易，但若加上性格和能力介绍，是不是难度就提升了很多。

我们认识自己的途径，大概可以总结如下：

（1）自我反思：自我的反省、反思。自己认为自己是怎样的一个人，是自己对自己的评价。

（2）他人评价：别人对于我们的评价。可能是来自父母，来自老师，来自同伴、朋友、同事、领导等的评价，也可能是来自陌生人的评价。

（3）客观途径：个人的成绩、成果、成就等，比如高校晋升职称所使用的学术成果、学生考试的成绩等。

这三个部分罗列起来可能很容易，但是具体到生活中，又会有各自不同的答案。比如一个人可能已经拥有了很多的奖项，这在我们看来已经是一个很优秀的人了，但是他对自己的评价仍旧是极差的。这里面有冲突的部分存在，别人眼中的自己和自己内心的自己是不一样的。也就是说无论外在的成功、成就有多少，只要我们的内心认为自己是差劲的，那"自己"就是一个差劲的人，也就是我们通常所说的自卑的人、低自尊的人。所以这样看来，比较客观的、中肯的，自我反思对认识自己是极其重要的。

自我反思、自我评价，听起来都是非常主观的事情。的确，我们对于自我的认识是一件非常主观的事情。每个人的成长经历塑造出个体对于自我认识的不同风格。在我们的婴幼儿时期，进行自我评价是件很困难的事情，这个时候，我们对于"自我是好的，还是坏的"的判断来源于我们的父母，来源于家庭中重要养育者对于自己的反馈。而这些反馈往往都不是通过言语来表达，而是通过日常生活的行为、态度等来体现的，婴儿也会进行观察。我们就是在这样有意识和无意识的互动和思考中，逐渐地了解了"我是谁"，逐渐产生了自我评价：我是否受欢迎？妈妈是否喜欢我？我是否是一个"好"的人？甚至是我不是什么样的人，等等。

　　自我反思的能力使得我们能够不断地进行反思和验证，不断地与他人评价、社会成就等的因素进行对比验证，而不是全盘接纳既往经验中的他人评价。自我反思能够帮助我们在成长的过程中逐渐形成一个相对客观的自我认识。

了解自己的特质

　　关于"我是谁"，想必是很多人一直试图去探索的问题，通常情况下我们需要十几年、几十年的时间去探索和总结，才能够得到部分答案。自己的一些特质也是在成长过程中逐渐发现和确定下来的。在当今的互联网环境下，我们可以在网络上找到很多有关性格类型的测试题。当自我探索的答案变得模糊，当对自我产生怀疑的时候，个体就会求助于一套精准的测试，求助于某个重要人物的判断，以此来让自己看得更加清楚。在这里给大家介绍一下荣格的心理类型理论。

　　荣格的心理类型理论，既有理论的模型，也有可以支撑的测试，同时也是在全球范围内施测次数较多的、具有较高信效度的一种心理类型的分类方式。荣格的心理类型理论和目前国际上流行的 MBTI 性格类型测试，是由不同的学者提出的，但却殊途同归，产生了几乎一致的结论。

　　荣格的心理类型理论分为两个维度：态度倾向（内倾和外倾）和心理过程（感觉、直觉、思维、情感）。MBTI 性格类型测试总共有 8

个不同的维度，分别对应荣格的心理类型理论中的态度倾向和心理过程，同时又加入了一个判断维度（判断用 J 表示、知觉用 P 表示），总共可以区分出 16 种不同的人格类型。我们首先从理论的角度了解一下这几个功能：

第一个维度是态度倾向。态度倾向分为内倾和外倾。文字没有写错，确实是"倾"，而不是内向和外向。内倾和外倾的概念可以理解成内向和外向，但是与很多大众所认为的标签化的内向和外向并不相同。这里态度倾向维度所指的是人的心理能量的指向。内倾的人心理能量指向个体内部，外倾的人心理能量指向外部。

内倾的人：心理能量指向内部，喜欢独处，喜欢反省和思考，在感觉到累的时候，需要退回到自己的内心，独处才能够恢复能量。外倾的人：心理能量指向外部，喜欢向外的活动，喜欢在各种环境中寻求刺激，在感觉到累的时候，需要关心，需要和别人在一起才能恢复能量。这就是内倾和外倾的差别。从心理能量的角度来看，并没有好坏的差别，各有优缺点。比如虽然内倾的人会让人感觉到距离但是却让人印象深刻；外倾的人给人的印象是无法坚持，但是却好友遍布天下。现实生活中的确有这样不同类型的人，比如同样是备战某个重要考试，同样是精神紧绷，非常辛苦。在考试结束后，你会发现有的人要出去聚会、聊天、唱歌才叫放松；有的人要回家倒头大睡三天三夜。这就是内倾和外倾的差别。

这时不禁有人要问了，那我有的时候想出去聚会，有的时候想自己待在家里，那我是外倾还是内倾？是的，没错，荣格并不认为内倾和外倾是一成不变的，"倾"只表示一种倾向性，是一种大多数时候的选择。内倾的人偶尔也会外倾，外倾的人更是很有可能表现出内倾。单纯就这两个倾向而言，内倾比外倾更稳定一些。研究发现，一部分年轻时候极度外倾的个体在步入中老年的时候会逐渐变得内倾。至于到底是内倾好，还是外倾好，没有定论，这要取决于我们所处的社会、文化、家庭环境。在理论上最好的方式是像天平一样，在中间左右摇摆维持一个平衡、不极端的状态，在需要外倾的时候外倾，需要内倾的时候也能够内倾。

第二个维度是心理过程。心理过程主要分为四种：感觉、直觉、思维和情感。

感觉和直觉指的是我们获取信息的方式。感觉型的人：通过感官获取信息，务实，实际。直觉型的人：不依赖于感官信息，比较擅长发现背后的关系。举个例子来说，感觉型的人和直觉型的人同时烹饪一道从来没有尝试过的新菜肴，感觉型的人会按照食谱要求的配料、步骤进行；直觉型的人多半会先研究一下，觉得自己已经懂了，就扔掉食谱自己开始了。

情感和思维指的是我们决策的方式。情感型的人：决策时候以情感为主要依据。思维型的人：决策的时候以逻辑、思考为主要依据。注意这里并不是说情感型的人感情用事，思维型的人理性。这两个决策方式都是理性思考决策，但是情感型的人以情感价值观决策，决策的指标可能是和谐、情感价值等；思维型的人决策的时候以数据、逻辑说话。让我们通过一个例子来看决策维度的情感和思维这一对概念的不同：在某一次活动中，有 A 和 B 两个队长，他们拥有选择队员的权利。以 A 为例，他选人很迅速、很直接，充分行使自己的选人权利，根据自己的需要点名要人，他是将逻辑、现实等条件作为优先决策标准。另一位队长B，在选人环节优先询问之前和自己合作过的伙伴是否愿意再一次合作，照顾之前的伙伴，不希望伤感情，他是将情感和谐为优先决策因素。所以情感和思维都是理性决策方式，区别在于所参考的价值观念的不同。

以上4种心理过程，再与态度倾向一一组合，就会产生8种主要的心理功能。为了演示方便，我们都用英文字母缩写代替，如下表1-1。

表1-1　态度倾向与心理过程组成的心理功能

内倾（Introvert）	感觉（Sensation）	内倾感觉
	直觉（iNtuition）	内倾直觉
	情感（Feeling）	内倾情感
	思维（Thinking）	内倾思维
外倾（Extrovert）	感觉（Sensation）	外倾感觉
	直觉（iNtuition）	外倾直觉
	情感（Feeling）	外倾情感
	思维（Thinking）	外倾思维

所有的态度倾向、心理功能和判断维度（判断用J表示，知觉用P表示）相组合，产生16种人格类型，如表1-2所示。

表 1-2　人格类型分类

ISFP 内倾感觉情感知觉型	INFP 内倾直觉情感知觉型	ESFP 外倾感觉情感知觉型	ENFP 外倾直觉情感知觉型
ISFJ 内倾感觉情感判断型	INFJ 内倾直觉情感判断型	ESFJ 外倾感觉情感判断型	ENFJ 外倾直觉情感判断型
ISTP 内倾感觉思维知觉型	INTP 内倾直觉思维知觉型	ESTP 外倾感觉思维知觉型	ENTP 外倾直觉思维知觉型
ISTJ 内倾感觉思维判断型	INTJ 内倾直觉思维判断型	ESTJ 外倾感觉思维判断型	ENTJ 外倾直觉思维判断型

直觉和感觉，思维和情感，内倾和外倾，每一对概念就像是天平一样，一个人如果擅长直觉，那么天平的另一端感觉就会发展较弱。思维和情感同样，内倾和外倾也一致。每一种类型的人都有自己的主导心理功能、辅助心理功能，也相对有弱势心理功能。个体在不断成长过程中，包括决策过程、人际交往、学习中必然有一种主要的功能状态呈现出来，并用这个功能去统筹自己的生活，但是仅仅一个功能是不够的，还需要另外一个能够充分发挥但相对较弱的功能去辅助。我们这里所区分的 16 种类型，通常是健康、正常、身心和谐、适应良好等个体所表现出来的特征。在描述的时候，一个基本假设是这些个体的主导心理功能发展良好或者发展充分。每种类型因其所呈现出来的优势功能、辅助功能的不同而呈现出不同的人格特点，形成了 16 种不同的人格类型，我们可以通过表 1-3 简单地了解一下这 16 种不同类型人格的特点。

在现实生活中，每个个体的发展状态是不一致的，但基本遵循相同的规律。这 16 种人格类型没有好和差的区别，每个类型都有自己的优势，相对应的每个类型也都有自己的劣势。这其实也是在提醒我们，认识自己是一个不断进行的过程，不仅需要了解"我是谁""我会什么""我能够做什么"，还需要了解我们的阴影面、我们所排斥的、我们所不能的部分，这才是全方位立体化的"自我"画像。

表1-3 人格类型的特点

ISFP	INFP	ENTP	ENFP
能够发现需求并会努力地满足需求。适合从事需要全情投入并快速适应的工作。谦虚，处事低调，时常低估自己。	极具语言天赋，在任何与人打交道的领域都容易脱颖而出。喜欢用文字表达。	独立自主，善于分析，能够客观公正地评价他人。	关心他人，乐于从事咨询工作。
共同点： 注重内心情感生活的和谐； 在涉及个人价值的独立工作中表现最佳，比如艺术、文学、心理学等； 情感丰富但较少表露； 遵循自己内心的道德准则，不受他人判断的影响； 责任感强，不会强迫或影响他人的意愿； 理想主义，非常忠诚。		共同点： 对各种可能性非常敏感； 原创，个性，独立，但也善于感知并理解他人的看法； 开拓创新能力强，但很难善始善终； 受冲动和激情的驱使，讨厌例行公事； 灵感高于一切，多才多艺，随和热情，对任何事情都有自己的看法； 不知疲倦地投入自己感兴趣的事情。	

续表

ISTJ	ISFJ	ESFJ	ENFJ
重视逻辑、分析和决断，注重细节； 很难理解相距自己甚远的需求。	重视人与人之间的忠诚、关怀以及大众的幸福； 广博的常识性记忆。	实事求是，遵循常规且能言善辩，热衷于追求财富； 喜欢服务他人； 在任何的环境中都能够融洽相处。	爱好广泛； 包容各种理论、视角和见解； 对超越现实的各种可能性充满想象。
共同点： 系统性强，吃苦耐劳，有始有终； 忠于职守，工作努力，对外表现得实事求是；但内心对于各种感官印象的反应非常个性化； 有耐心，善于处理细节问题； 能够适应各种日常管理； 能够吸收并善于使用各种事实信息。		共同点： 更重视和谐的人际关系； 适合从事与人打交道的工作； 亲切随和，善于变通，富有同情心，能够恰当地表达自己的情感； 对表扬和批评都很敏感，渴望符合所有人的渴望； 坚忍不拔、勤勉认真，在小事上也井井有条； 对爱人、组织和事业忠心耿耿。	

ISTP	INTP	ESTP	ESFP
热衷于实践和应用科学，尤其是机械领域； 善于根据基本原则从庞大的数据中理出头绪，从凌乱的信息中发现意义，有助于从事经济金融类工作。	科学、数学、经济学和哲学领域中的学者，擅长抽象理论的理论家； 更适合做研究、教师等。	擅长数学和各种理论，容易理解事物背后的原理； 严谨实际，喜欢实际行动。	亲切友善，周到得体，善于跟人打交道； 较高的艺术品位和鉴赏力，但缺少逻辑思维能力。
共同点： 善于分析，客观公正； 主要关注事物的基本原则； 善于组织各种概念、想法或事实，不会主动去处理与人和环境有关的问题； 善于感知理解，而非强势主导； 看起来沉默寡言、低调含蓄、超然世外，甚至会有些冷漠，但在亲密的人面前会有不同； 内心非常关注眼前的问题以及相关的内容； 容易害羞，因为他们内心关注的问题往往无助于闲谈和社交。		共同点： 现实主义，实事求是，讲求实用； 适应性强，亲切随和，对他人和自己都很宽容； 天生懂得享受生活，对任何体验都充满激情； 关注事实，善于把握细节； 善于从经验中学习； 比较保守，重视传统习俗，喜欢保持现状； 能够接受、享受并记住大量的现实信息。	

INFJ	INTJ	ESTJ	ENTJ
懂得关心他人，会借助人际关系来赢得别人对自己观点的支持； 关注人类的发展和幸福，会为了人类的幸福而做一些事情。	独立，很强的想象力； 不断尝试新问题，高效率，但只有高难度才能激起兴趣； 很难持续的专注同一件事； 会忽视他人的想法和感受。	务实，活在当下； 能够处理好各种机械化的事物，考虑的都是实际而具体的事物； 习惯用熟练的技能或以往的经验去解决问题。	对知识充满兴趣，对新的想法充满好奇； 愿意去解决各种问题，关心宏大的事情； 注重未来的可能性。
共同点： 受内心认识到的可能性的驱动； 意志坚定近乎顽固； 强烈的个人主义倾向； 喜欢开辟新道路，迎接挑战完成高难度的工作； 讨厌例行惯例和没有任何灵感发挥的工作。		共同点： 善于分析，客观公正； 善于组织、整理一切事物； 有强大的决断能力、逻辑分析能力和推理能力，根据自己深思熟虑的结果去控制自己及他人的行为； 重视事实、公式和方法等客观信息； 不重视情感生活，不重视社交活动。	

善用自己的特质

了解了自己的特质之后，接下来很重要的一点就是能够很好地去发挥自己的特质，规避自己不擅长的部分，也就是中国古语所说的"扬长避短"。荣格的心理类型理论中，一个人最终的发展，理论上完美的状况是这 8 个功能都能够有所发展，相对平衡。但实际情况是，我们都会率先去发展某些功能，压制或者延缓发展其他功能。这其实在一定程度上可以解释我们的"中年危机"现象。在荣格的心理类型理论中，所谓的"中年危机"，指的是很多的中年人会经历一些性格上的巨大变化，荣格认为出现这种巨大变化的原因，在于人到中年的时候，一般来讲个人的优势功能和辅助功能都差不多发展到了极致，这时必然会面临与优势功能相对应的劣势功能的反扑。比如一个思维功能发展得很好的人，其情感功能就是他的劣势，在人生前半段这个功能是被压制的。也就是说，与优势功能相对应的劣势功能在中年阶段开始反弹报复，强调自己的发展，这种反弹也恰好促成了一个人的完整，逐渐向理论上的完整状态走去。

但是在青少年时期，这些问题是暂时不需要考虑的。我们应优先考虑发展和完善自己的优势功能和辅助功能，并且能够善用自己的特质进行有效的社会实践。

前面所说的 16 种心理类型里面，每一种类型都有优势功能、辅助功能和弱势功能，大致罗列如下（如表 1-4）：

表1-4 不同心理类型的优势功能、辅助功能和劣势功能

心理类型	优势功能	辅助功能	劣势功能	巩固和发展自己的优势功能
ISFP	内倾情感	外倾感觉	外倾思维	内倾情感的人明白自己喜欢/不喜欢什么，明白自己的底线。强化内倾情感需要搞清楚自己最重要的东西，在此基础上明白哪些是可以舍弃的，哪些可以不在乎。
INFP	内倾情感	外倾直觉	外倾思维	
ISFJ	内倾感觉	外倾情感	外倾直觉	内倾感觉的人总是很传统保守，常抱有"别人如何我如何""以前怎样以后还怎样"的想法。强化的方式主要是从过去中总结经验，无论成功还是失败；从规范和律法中得到依据，了解限制。
ISTJ	内倾感觉	外倾思维	外倾直觉	
ISTP	内倾思维	外倾感觉	外倾情感	内倾思维的人擅长分析再分析，直至得到公理或普世的规律。强化的方式可以打破砂锅问到底，持续地问为什么，即使得到普世的正确经验也不罢休，敢于思考和突破，坚持深挖到底。
INTP	内倾思维	外倾直觉	外倾情感	
INFJ	内倾直觉	外倾情感	外倾感觉	这是最神秘的一种功能，它就是冥冥之中知道，让人在不分析的情况下接近真相。强化它的方法未知，但是可以涉猎多种学科的知识，比如历史、政治、人文、社会等，以系统化的方式看待问题。
INTJ	内倾直觉	外倾思维	外倾感觉	

心理类型	优势功能	辅助功能	劣势功能	巩固和发展自己的优势功能
ESFJ	外倾情感	内倾感觉	内倾思维	外倾情感让人拥有良好的人际关系，将自身存在的价值依附于团体、人或事情上。强化它的方式是使用换位思考，去切身体会别人的感受，尽量让别人满意，让环境和谐。
ENFJ	外倾情感	内倾直觉	内倾思维	
ESTP	外倾感觉	内倾思维	内倾直觉	外倾感觉通常用五感去感知世界，留意细节。强化它可以去留意周围的任何视、听、触、味、嗅的信息，参与各种活动享受其中，尝试绘画，丰富自己的感官体验。
ESFP	外倾感觉	内倾情感	内倾直觉	
ESTJ	外倾思维	内倾感觉	内倾情感	外倾思维可以让人、社会更加有效快捷地组织和工作。善用工作簿、日程表、表格等，明确目的、计划，调用资源，按计划执行，并能够及时评估和调整，确保最终目标的完成。
ENTJ	外倾思维	内倾直觉	内倾情感	
ENFP	外倾直觉	内倾情感	内倾感觉	外倾直觉总是想到可能性，擅长发散思维。强化它需要努力看见事物的本质属性，进行创新思维，打破传统和惯例，对各种可能性进行演绎。
ENTP	外倾直觉	内倾思维	内倾感觉	

所以，青年时期我们需要发展自己的优势功能，形成自己的风格，利用自己的优势融入社会、参与竞争。

自卑与自信

在认识自己的过程中，关于自我意识的偏差，例如自卑、自负、自恋等都是逃不开的话题。在心理咨询的过程中，笔者经常听到来访者在咨询开始的时候，会说"我是一个很自卑的人""我的问题就是我太自卑"。这种描述让笔者有两种体会：一是自卑现象非常普遍；二是承认或者认为自己自卑，是大多数人愿意选择的归因方式。

那么实际上确实是人人都自卑吗？

我们先来说第一种体会，如果你去问心理学家阿尔弗莱德·阿德勒，是不是每个人都会自卑？他肯定会给你一个百分之百肯定的答复。他还会告诉你：就是因为自卑，人类才会去追求卓越以此来摆脱自己自卑的状态，恰恰是自卑促使了我们的成功。从阿尔弗莱德·阿德勒的角度来说确实是这样的，他认为我们人类生命最开始的几年都是要依赖于周围人，这让我们形成了一种天然的自卑感，我们就是伴随着这种自卑感逐渐长大。

同一个问题去问罗杰斯、马斯洛或者是一些后现代流派的心理学家，也许会得到不同的答案。在人本主义和后现代主义的观念里，他们普遍认为人类具有很多的潜能，拥有自我实现的能力，他们更多关注的是你有潜力的部分。如果你也这样认为，你会发现自己可以做到很多，甚至可以有很大的忍耐力忍受自卑。

我自卑我有理

第二种体会：大多数人愿意选择自卑来对自己进行归因。当我们把自己定义为自卑的时候，部分的人不会觉得羞耻、焦虑，反而有一种释然的感觉：我给我的状况找到了一个命名、标签、定义。

这种承认并不是真的承认自卑，而是一种大而化之的心态，为自己的行为和状态找到一个借口。因为我的自卑，所以我可以不去争取；因为我的自卑，所以我可以暂时放弃；因为我的自卑，所以失败了也应该是可以接受的……自卑更像是一个借口而不是问题。你会发现：当我们归因于自卑的时候，我们的很多行为都得到了相应的解释，内心也许会稍显平静；当我们归因于自卑的时候，我们可能也隐藏了自己内心的另一面，那种对于成功的恐惧；当我们归因于自卑之后，我们可能也合理化了自己的失败，而让自己就这样安于失败当中。

外倾性社会中的内倾者

很多人会认为，"现代这个社会，外倾的人是吃香的"；内倾的人也会把内倾作为自己的一个缺点来描述。外倾的人一生会得到很多的赞赏和认可。就卡尔·荣格的人格类型理论模型来说，内倾和外倾像是一条线段，在这个线段上的任何一点都是健康和必要的。有些人天生偏外倾一些，有些人天生偏内倾一些，每个人都是这条线段上的其中一点，在这个点可以休息，恢复，感到舒适。在漫长的一生中，我们大多数人都不是静止的，我们的内倾和外倾的点也会随着年龄、经历、环境、个人内心的状况进行动态的变化。每个人都是有很多面的，内倾和外倾，并不能单纯的区分出好与坏。但在现实生活中，性格内倾的人却常常容易被误解。那就让我们再深入地了解一下性格内倾的人。

　　性格内倾的人需要私人空间以恢复精力，他们不能从外部活动中获得，在交流发言之前需要用一些时间去思考。但是性格内倾的人并不是"孤僻，沉默的独行侠""不擅长社交"。

　　一些十分著名且性格内倾的人物有：美国第六十届总统亚伯拉罕·林肯，电影导演阿尔弗莱德·希区柯克，发明家托马斯·爱迪生，等等。在电影《天使爱美丽》中，性格内倾敏感的法国少女爱米丽，她用那种安静、机灵、敏感的内心潜移默化地影响周围的人，最终赢得了另一个性格同样内倾的小伙子的爱情。《勇敢者游戏》中的男主角也是一个性格内倾、害羞的青少年，但是同样可以胜任勇石博士那样的中心角色。甚至漫威电影里的那些英雄们，很多都是内倾者，例如"钢铁侠""美国队长""黑寡妇"等等。他们也同样可以走到聚光灯下，同样可以以自己敏锐的内心和思考与他人完美交流。与外倾者不同的是，当内倾者走到聚光灯下进行享受的同时，他们会觉得这是一种精力的消耗，他们总是需要找到机会独处和休息。

　　荣格发展了内倾和外倾的理论，荣格认为内倾与外倾这两种对于客体的特有态度，从孩童出生就会显现出来，即使母亲或其他养育者用相同的方式养育，仍旧会存在非常明显的天生个体差异性。就像在生物学进化的过程中，生物体天然就具有两种进化的途径。面对外在的事物（客体），个体也有两种思路去适应和发展：一种倾向为个体的防卫和自保能力低下，但是个体外在的机能会不断地丰富和发展；另一种倾向为个体自我保护的手段日益多样化。这与我们心理学中的内倾和外倾的态度特征不谋而合。外倾的态度倾向于向外去发展和拓展自己，以各种的方式张扬自身；内倾的态度倾向于自我反省，抵触外在的诉求，营造自己的堡垒，不喜欢向外消耗自己的能量。从生物体到人类，在整个自然界的进化中似乎都存在这两种自然的倾向。

所以我们其实无法简单地去说明二者的好坏，这是一种自然存在的差别。但是我们也会发现一个现象：目前的社会、文化环境是一个外倾者的环境。很不凑巧的是似乎社会主流文化推崇的也是一种外倾的文化。尽管我认为传统的中国文化其实是一种内倾的文化，但是现在受全球化的影响，中国人也很难完全回归和保持传统文化的传承。不管怎样，现代整个社会的文化是一种外倾的文化，大家推崇的合作、竞争、行动、速度、魄力等等。这些特质在外倾者的世界是比较容易达成的，但是对内倾者却不友好。内倾的人自然而然地就成了需要敬而远之的那一部分人。

作为一名心理咨询师，我在咨询室里也听到了太多关于内倾的批评和无奈。一个性格内倾的人生活在一个为性格外倾的人准备的世界中确实会时时受挫，更可悲的是内倾者往往会非常努力地想要去改变自己，企图让自己拥有一些外倾者所具备的品质，但却发现这种尝试往往都伴随着痛苦和巨大的意志力，然而结果却往往徒劳无功。

笔者本人也是一个内倾性格的人，所以对于内倾性格人的生存也具有一些发言权。前文提到内倾性格并不是不会社交，而是心理能量指向于内部，喜欢独处。所以笔者认为首先，我们需要区分，内倾性格和人际能力欠缺这两种不同的状态。人际交往的能力涉及方方面面，受到个人的性格、情绪敏感度、过往经验、技巧等方面的影响。人际交往能力的欠缺，反过来，我们也可以通过情绪管理、经验反思总结、提升技巧技能等方面去改善。能力可以通过学习去提升和弥补，但是内倾的性格特点，我们无法改变，只有不断接纳和适应。那对内倾者而言，如何在这个世界中更好地进行社会生活呢？

第一点：假装，就好像……

没错，这就是一种假装的活动，就好比戏剧的演出要佩戴面具一样。我们首先需要打破自己不行的观念。内倾者并不是不能演讲，也不是不擅长社交，我们需要首先给自己去掉那些不正确的标签。如果自己真的就是这样，那也没有关系。想象一下，中国的戏剧，尤其是川剧的变脸。演员在上台之前会佩戴各种各样的面具，或在脸上绘上脸谱。什么样的脸谱表示想要扮演什么样的人物，而演员的任务就是去表演，让自己的形体、语言、姿态都与脸谱上的人物相符合。

内倾者也可以"好像……""假装……"，在某些应急的场合中，带上一个外倾者的脸谱，去完成当前需要完成的任务。然后再摘下脸谱，用自己的方式补充能量。关键是你要知道脸谱和你自己的差别。

第二点：发展出内倾者的生活方式，找到自己的节奏

我们不可能做到一直"好像……"和"假装……"，我们仍旧需要有自己真实的生活，自己舒适的生活和相处方式。找到自己的节奏，不被外倾者带跑。了解自己的节奏，需要对自己有足够的观察，比如我们

需要了解自己每一天当中的高潮和低谷一般出现在哪个时段，需要明白如何正确使用并合理分配自己的精力。

大家可以回忆一下"龟兔赛跑"的故事。兔子更像外倾者，乌龟更像内倾者。古老的寓言故事告诉我们慢吞吞的乌龟也是可以取得胜利的，在这场比赛中，乌龟掌握了自己的节奏，不紧不慢，即使觉得自己会输也并没有停下脚步，而是始终以自己的慢节奏不断地向前，这就是内倾者的优势之一，关键在于能否找到自己内心的节奏。虽然现代社会要求速度、效率、快节奏，但是前几年非常火的一首《从前慢》也让所有人听得如痴如醉，十分享受过去的慢时光，似乎那样的生活方式也是很多人内心所向往的，是一种美好的、有价值的、有意义的象征。对于内倾者而言，慢节奏是天生具备的，我们需要找到自己的生命节奏。读者可以参考下面内倾者与外倾者不同学习风格的表格（表1-5），来了解自己的节奏。

表1-5　内倾者与外倾者不同的工作和学习风格

内倾者的工作和学习风格	外倾者的工作和学习风格
喜欢安静以集中精力做事情	善于与人沟通，喜欢与同学、同事参加社交活动
知道的东西比他们显现出来的要多	喜欢了解内幕
看起来可能安静、疏远	对别人的要求反应迅速，不用思考就开始行动
当寻求意见时，需要别人来询问，而不会主动说	当学习和工作内容费事且重复的时候容易感到烦躁
在讲话前需要思考	思考的同时就可以讲话
对独立完成的工作感觉到满足	喜欢团队合作，与他人在一起
不喜欢去吸引别人的注意	喜欢得到别人的关注

内倾者的工作和学习风格	外倾者的工作和学习风格
在没人监督下也能认真学习和工作	容易被其他的事情，其他的人所吸引而转移注意力

就像表 1-5 所列一样，我们需要了解自己的节奏，找到自己的节奏，并用自己的节奏生活。当然节奏不仅仅有快慢还有强弱的差别。还要区分出自己的精力在什么时段高涨，什么时段低落。在精力充沛的时候可以去做一些需要消耗的事情，比如社交。在低落的时段就需要"明哲保身"，保留精力自己独处。

第三点：学会对事务做减法

对于内倾者而言，确定目标和将精力集中投入到目标上是很重要的，相比外倾者的多目标、多线程的生活节奏，内倾者更适合长线的投入。

内倾性格的人往往会因为自己没有精力去做更多的事情而感觉到内疚，所以很有可能我们就会屈服于别人的需求，去回应别人的需求让自己显得不是那么疏远与隔离。这样的做法会让内倾者很容易缺少个人的边界，往往是虽然消耗了自己的精力去满足别人的需求，但很可能最终的结果都不尽如人意。

边界不清楚的人会有一种很强烈的内心恐惧感，觉得我不做什么事情，就会被抛弃：如果我在聚会上不和大家说话，大家就会孤立我；如果我没有和同学一起放学、吃饭，他们就会不喜欢我……这种恐惧感其实无论内倾者还是外倾者都会有，但是对外倾者而言，这种恐惧感会促使他社交；然而对内倾者而言却是一种内在的冲突。在内倾者的成长过程中，这个边界很容易被打破，比如家长可能因为孩子总是一个人待着而产生焦虑，逼着孩子必须出去社交。很多内倾者就会在这样的过程中对于人际交往、社会产生越来越多的焦虑感和恐惧感。

所以这对于内倾者来说是一个很有难度的事情：如何对别人说不？如何能够既维护自己的边界不过度消耗，又能够在外倾者的社会中立足？我通常的做法就是"我不能如何如何，但是我可以如何如何""我今天不能和您一起吃晚饭，但是我们可以周五一起喝下午茶""我晚上不能和您一起去参加聚会，但是我们可以周日的上午一起去打球"……在拒绝的同时提供另一种自己可以接受的可能性，减少拒绝的负担。

第二章

从家庭中分离

从一个人心理成长的角度来说，与原生家庭的分离是一个个体所必须面对的。当我们呱呱落地的那一瞬间，我们便以个体的身份开始了这个世界的生活，但此时我们的内心世界并没有展开。随着年龄的成长，心智的成熟，我们的内心世界逐渐展开，也逐渐萌发了自主性和独立性的需求，这个时候我们需要的是第二次的诞生，在内心有一次真正的"自己"的诞生。唯有分离我们才会成为一个独立、完整的个体，才能活出自己的人生。

原生家庭与人格的塑造

原生家庭是每个人来到这个世界的第一个成长环境，在我们生命的头几年，这里发生的一切，都为我们每一个人染上了生命的基底色，为未来我们成为一个怎样的人打下了基础。原生家庭对于一个人的人格塑造基本可以从以下 3 个方面来看。

1. 原生家庭的关系

原生家庭的亲子关系影响一个人的自我概念，影响我们对于自己的基本看法：我是好的，还是差的。原生家庭父母关系的优劣程度影响一个人对自我的看法和评价。例如，父母关系紧张或破裂，如果父母没有进行正确地处理和引导，会让孩子对自我的价值产生怀疑，无法清晰客观地认识自己，也无法悦纳自己。在此环境中成长的孩子会对自己的表现过分在意，对别人的评价过分在意，对周围环境、人、事敏感和谨慎。而持续恶劣的父母关系和原生家庭整体关系的破裂，会让孩子长期处于焦虑、恐惧和无归属感的情绪状态下，从而产生对外界持续的不安全感的投射，不仅影响对自我的认识，还会极大的降低个人对自我概念的调整能力，难以对自己和自己的现状产生积极的评价，也很难从消极的评价中调整过来，继而出现严重心理问题的可能性会大大增加。

2. 原生家庭的教养方式

原生家庭的教养方式通常包含父母对子女实施教育、养育过程中的观念、行为以及对儿童的表现如何反馈等。很多研究的学者，给家庭教养方式区分了很多不同的类型。通常情况下我们很容易理解，如果是专制型、严厉型的教养方式，容易让孩子变得胆怯弱小或反之暴躁蛮横无理；如果是忽视、冷漠型的教养方式，孩子自然也会表现出冷漠消极的生活状态，自控力差、容易叛逆、甚至产生敌意；如果是过分溺爱的、过分保护的教养方式也会形成孩子的过分依赖、内心脆弱、无法真正的成长。

研究也发现，父母的不良教养方式，也是很多青少年出现抑郁情绪的一个重要原因。如果家庭教养方式中包含了很多的拒绝、批评、不认可、情感共鸣较少、甚至忽视，会让孩子产生自我讨厌，自我怀疑的心理，容易产生抑郁情绪。反过来过多的保护、干涉、溺爱也可能导致孩子的过度依赖，承受挫折能力差，缺少独立和解决问题的能力，也可能会有抑郁情绪的产生。

3. 原生家庭养育过程中的情感忽视

亲子关系、养育的方式对于个人成长的影响是比较显而易见的，而养育过程中的情感忽视则是相对隐形的，它主要指代的是父母在养育过程中对于孩子内心情感状态的忽视，通俗地说就是不能够"看见"孩子。

很多人会觉得奇怪，我不瞎，我看得到孩子！这里的"看见"不仅仅是视觉上的看见，还是指精神上或者内心里的看见；看见的也不仅仅是孩子的表情、行为动作，而是看见孩子的内心状态和真实的需求。在现实生活中，"看不见"孩子的例子可以说是数不胜数，分享两个真实的故事。

第一个例子：前段时间我所住的地区突发大面积的停电，时间恰好在傍晚时分。因为停电，所以没有办法使用电梯，楼道里只有应急灯，虽然也不算黑，但是和平时的状态肯定是有差别的，所以我家孩子就有点儿害怕，因为他从来就没走过，于是我不得已只能抱着他下楼。在楼道里我们遇到了另一个家庭。妈妈背上背了一个小宝宝，手里拎着垃圾，在距离妈妈一层楼台阶的地方有一个大约四五岁的小女孩。小女孩因为走得慢，妈妈正站在下面抱怨："你能不能快点儿，你怎么越长大越磨叽，你怎么越大越不听话……"小女孩隔着楼梯栏杆看着妈妈，一步一步地往下挪，慢慢地在往下走。走一步透过栏杆看一眼妈妈，走一步看一眼，尽管妈妈不停地抱怨和催促，却仍旧没能加快她的步伐。

第二个例子：一位黑发女士，年龄大概28岁左右，双腿交叉坐在沙发上，看着她3岁的女儿在离她约40厘米远的地方堆积玩具。她离开了几分钟，之后回到房间里，看见女儿正在玩形状玩具。她立刻开始小声地发出指令，中间穿插着各种问题："那个是什么颜色?"还有"那个蓝色的是什么形状"甚至于是"六边形在哪儿"，这个女孩绕着地毯爬来爬去，跟随着妈妈的引导，但是她却不转过身来面对妈妈。几分钟之后，她捡起一个医生的工具包，拿着走到妈妈身边，试着要爬到妈妈的膝盖上。妈妈温柔地把小女孩推回到地板上，说："你还没有装完所有的玩具呢。看，那个……还有那个!"她的女儿尽职尽责地回到堆积玩具旁边，又添加上一个圆圈。然后，她拿起医生的工具包再次回到妈妈身边。这次她爬到了妈妈的膝盖上，检查妈妈的耳朵，直到妈妈指出她还没组装完所有的堆叠玩具。小女孩没有理会妈妈的提醒，继续用玩具听诊器听妈妈的心跳，试图引起妈妈的注意。但妈妈没有看向小女孩，而是望着地毯上那些散落的玩具零件。最后，小女孩从妈妈腿上滑下来，回到玩具旁边，背对着妈妈，把玩具又都放回了原来的位置。这个故事中的妈妈在回看这段录像视频的时候，哭了出来，她说："我浪费了所有的时间用来把她推开，可那个时候她只是想让我抱一下。"

以上的两个小故事，其实就是我们在生活中经常会发生的情感忽视的例子。父母对于孩子往往有很多的要求、很多的规则、很多的应该。

诚然，当前的社会现实是一个内卷的社会，很多的家长不管是出于主动参与，还是被迫参与都加入了内卷的大潮，家长内心也有很多焦虑，有很多自己情绪的、身体的、关系的、经济的、政治的等问题。这些问题困扰了大多数的父母，让他们的头脑喜欢用简单化和表面化的方式来对待新的生命，却忽略了每一个生命的独特性，和每一个当下的特殊性。不仅不能够"看见"孩子，也许很多时候我们都没有能够"看见"自己。没能看见自己内心的状态，没能看到自己在某个场景下为何会做出某个行为。养育过程中的情感忽视，会让一个人变得不够自信，变得不相信自己，认为自己不够重要，自己的感受不值得被关注。进而变得过分讨好，或者过分封闭。

可以说原生家庭是我们的第一个熔炉，每个个体在自己的原生家庭环境下被塑造，也在原生家庭的环境下不断适应和成长。这是个体无法选择的，我们从一出生就决定了自己所处的是一个怎样的环境。同时这也是所有具有生命力的个体需要去学习、探索和适应的部分。在原生家庭的这个熔炉里，我们跌跌撞撞地成长起来，在这个环境中所获得的生活经验都深刻地影响我们今后的性格、人生选择，甚至是命运。

都是原生家庭惹的祸

视角回到青年人的成长上来，我们在原生家庭中所体会到的种种规则、观念、模式会对我们产生深刻的影响。近些年，无论是心理学家还是普通的社会大众，都试图去反思和厘清原生家庭对于每个人造成的影响。同时也有很多人在反思之后痛恨自己的原生家庭，无法原谅父母对自己造成的伤害，曾经一度成为热门话题的"父母皆祸害"豆瓣小组，兴许就是一种代表吧。心理学家阿德勒有一句很著名的话："幸运的人一生都被童年治愈，不幸的人一生都在治愈童年。"的确，从第一个部分的内容我们就可以感受到原生家庭对于每个人内心成长的影响，但是何谓心灵的成长呢？我们不禁要继续追问，把所有的问题都抛给原生家庭，认为都是我的父母造成了现在这样一个自己并不满意的"我"，又有多少用处呢？

让我们先来看一下小安的家庭：这像是一个电视情节但却同时也是真实的案例，小安（女）天生腭裂，父亲看到这样的一个残疾的孩子，当时就离开了家庭。所以一直是母亲和母亲这边的亲戚把他养大。3岁的时候做了一次手术，但是因为疼痛总是会哭，伤口愈合不好，最终导致手术失败。后来因为家庭经济条件限制，也有一些母亲的忙碌、乐观和粗心的态度，怀疑也会有一些隐藏的对于父亲的愤怒和报复等因素吧，没有进行后期的手术和康复训练。到小安14岁的时候，青春年少，但是因为生理的缺陷讲话讲不清楚，总是含糊不清。而这个年纪恰好正是女孩子最在意自己形象的时候，同时也是同龄人在意形象的时候。班级里开始有一些人刻意地模仿她讲话讲不清楚的样子，她自己也开始害怕和同龄人相处。害怕的同时还怀有一种报复心态，非常恨周围的这些人，但是她又骂不出来，非常的憋屈。于是她自己找到了一种发泄的方式，就是扯头发，开始的时候可能是因为气愤抓头发，后来慢慢地成了一种固定的模式。每当感觉到情绪不好的时候就会去扯头发，再到后来已经可以不用去感觉情绪好不好了，直接成了一种自动化的方式，像是一种习惯。于是自那之后,她就再也没有留过女生的那种飘然长发。当妈妈在 4 年之后发现女儿揪头发的这个习惯时,才意识到自己平时对于女儿状态的粗心。母亲以自己的心态来告诉小安,别人说,有什么关系,他们说他们的。实际上也确实是这样,但是妈妈和女儿是两个完全不一样的人。妈妈的成长环境是妈妈有完整的家庭,精心的照顾,正常的身体,所有的条件让她有一种基础的自信,别人说了又怎样,我还是我。

小安却不同,缺失的父亲,忙碌而经常不在的母亲,她的成长是孤独的,没有人是她的支柱。身体的残疾又非常的明显,无法掩饰,当别人这样说,自己又真的是这样的时候,那种气愤、恼怒、无奈的心情和妈妈是不同的。小安内心有一种对父母强烈的恨。为什么把我生下来受这个苦!尤其是对母亲。对父亲恨之余还会有一些向往。这些情感都是矛盾的,都是无法去用语言表达的,因为现实的条件就是"说不出口"(讲话不清楚)。结果最后就发展成了母亲口中的那个脾气越来越大,经常找事情吵架的女儿。

我们看到这样的一个家庭情况,可能大多数人都会开始埋怨母亲的疏忽、父亲的冷漠,是他们的行为和态度造成了孩子一步步地孤独和暴躁。很多的家长看过后也许会警醒自己,我需要对孩子多上心,多关注,好好照顾。青少年看到后也许会很生气,为什么妈妈不早一点儿做点儿什么,去做手术、复健、训练等等。这些情绪、愤怒、焦虑、抱怨恐怕都是很真实的,这个案例里小安的原生家庭也确实需要为此承担很大一部分责任。但是仅仅就这一点吗?

妈妈的疏忽不仅因为忙碌,也来源于她的不知道,她不知道会影响到孩子讲话，她不知道相貌不好会对自尊有实际的影响，她也不知道想说说不出的那种困难。也许用"不知者无罪"这样的词语不足以让妈妈脱责。但是在咨询中，笔者同时也注意到妈妈没有再做手术，是在3岁那次手术后，是在她看到了孩子术后的痛苦，看到了漫长的康复矫正过程带给孩子的不舒服。也许当时，她只想让自己的这个宝贝过一个不辛苦的、简单的、快乐的生活。这个过程中，妈妈并没有十恶不赦的过错，只是她没有预想到，有一天女儿长大了，会想要和普通人一样。我们不知道如果当时妈妈狠心再去做一次手术，经过手术的疼痛，康复的不舒服，孩子是否仍旧会恨妈妈，为什么我没有开心的童年？但这些都是未知数。

这就是原生家庭，在无数次的有意、无意、阴差阳错下，给每个长大的生命都会带来影响，这其中不乏伤痛。关于原生家庭带给我们的伤痛，现在已经不是什么秘密了。甚至到现在，人们已经习惯性地把自己的问题甩锅给原生家庭，原生家庭成了新一代的背锅侠。我懒惰，原生家庭的错；我迷茫焦虑，原生家庭的错；我自卑、能力差，原生家庭的错。

原生家庭有没有错呢？有是肯定有的，比如上面所说的这些懒惰、自卑等，我们不能排除和原生家庭有关系。但是中国也有一句俗语，我们决定不了自己的出身。我们决定不了自己出生在一个什么样的家庭中，这是每个人生下来先天的命数。那这个天生的命数是否能够决定一个人一生的成就，一生的命运呢？这里面是否又有个人的主观能动性呢？当你翻开一本名人传记或成功励志的书籍，你就会发现那些超越自己的原生家庭的限制获得"成功"的案例也比比皆是。命运这个词如果拆开来看，我们的"命"来自原生家庭，我们的"运"自然也受到原生家庭的影响，但是"运"是一个天时地利人和的事物，这其中有很多个人的选择，个人可以掌握的因素在。也许原生家庭能够决定你人生前 20 年的发展，但后面的 50 年、60 年则更应该掌握在自己的手中。

在面对原生家庭的时候，我们可以选择逃离，或者保持距离。这无所谓好坏，在自身力量无法撼动原生家庭问题的时候，这是一个明哲保身的做法。就好比在一条被污染的河里的小鱼，我们可以做的也只是去净化自己周围的水域，或者换一个环境，但是对于这条河上游的根本性污染无能为力。在面对原生家庭的时候，我们也可以选择超越，去勇敢面对原生家庭所带来的伤痛，去解决、改变家庭存在的问题，成为更好的自己。但是我们不能做的是把原生家庭当作是自己所有问题的借口，我们应该为自己的问题负责。无论我们最终与原生家庭的关系如何，从青少年心理成长的角度来说，我们首先需要做的就是与家庭完成心理上的分离。

心理的诞生：与家庭分离

所谓心理上的诞生其实是一个隐喻。我们在呱呱落地的那一刻，完成了身体上的诞生。但那个时候在婴儿的内心世界里，这个世界并没有随之而诞生。婴儿的世界是在与主要养育者的足够好的互动以及在足够好的环境保持下，逐渐诞生出来的。足够好的养育者一点一点地把世界介绍给婴儿，婴儿则一点一点地创造、体验、形成印象并最终构建起自己的世界。那个时候母婴是一体的，婴儿觉得妈妈也是属于自己的。随着月龄的增长，经验的增多，婴儿逐渐体会到母亲和自己不是一个人，妈妈是妈妈，她有时会不见。那个时刻婴儿开始了对周围主要养育者的依恋。尽管身体分离了，但是心理上并没有分离，我们从情感上仍依恋养育者，在生活中依赖养育者。故而心理的诞生指代的就是我们的心灵内在也作为一个独立个体的诞生。如果用心理学家马勒的话来说，就叫作"分离个体化"。

根据马勒的理论模型，个体一生中完成分离个体化的两个重要时期分别是0—3岁和12—18岁。我们在日常生活中也会观察到二三岁的孩子和十二三岁的部分孩子都有差不多类似的表现，就是"叛逆"，都是要求要有自主性。3岁的孩子可能和你争得面红耳赤，一把鼻涕一把眼泪地说："我就要这个。"13岁的孩子可能会一回家就房间上锁。这些都是在内心做分离的斗争，体现自己个体意志的时刻。

分离个体化有成功的案例，同时肯定也有不成功的情况。成功的分离个体化，在青少年期完成了自己内心价值观、世界观的重新整理，重建一个独立的自我，开始逐渐尝试去建立家庭之外的关系；不成功的案例大约就是回避这一问题，或者在受挫后选择放弃，甚至干脆不再成长，躲在父母的保护伞之下。想想那些我们口中会提到的"妈宝男""啃老族"，也许你会有更形象的理解。他们似乎永远都没有长大，虽然年龄在增长，也会有工作、婚姻、自己的家庭，但在心理上始终没有和父母分离。

分离是痛苦的，这无法回避。无论是对父母还是孩子，分离都是一种不舒服的体验。对于青少年的心理成长来说，分离又是必要的。在分离的过程中，我们有机会重新检视自己从父母那里内化的价值观念，重新审查哪些是合理的，符合当前实际的；哪些是僵化的，没有必要的。经过这样的检视我们才能够重新形成自己的价值观。比如生长在一个以"棍棒出孝子"为主要价值观念的家庭环境中，如果我们一味地认同、内化这样的观念，又或者我们坚决的隔离拒绝。那我们将来就很有可能重复类似的行为，或者走向反面——过分的溺爱。

　　分离的过程同时也是一个去试图回答我是谁的过程，我不再仅仅是母亲的女儿，父亲的儿子，而是我应该做一个怎样的人？我的性格特点如何？我拥有哪些天赋和能力？我希望在社会中扮演什么样的角色？也许我的父亲是一个企业家、劳模、解放军等，我的母亲是一个高管、官员、家庭主妇等，那我要和他们一样吗？还是坚决不一样？还是我从我的能力、兴趣等多方面考虑去重新选择。这些都是与家庭分离后所带给我们的益处，总而言之就是我们有了身为自己的一生。

　　当然与原生家庭的分离必然会有内心的冲突与挣扎，在追求个人成长、自主感、自我感和独立的同时，也会有害怕和懒惰的心理作祟。害怕也许怕的是脱离了父母的保护自己是否能够应对；懒惰也许来源于个人活力的丧失，有人保护不好吗？听父母的准没错。所以自然也有很多无法完成分离的青年人。如果读者去网络上搜索一下与此相关的新闻、案例肯定比比皆是，无论男性女性都有。他们中的部分也许有着极具控制欲的父母，期望把孩子永远留在身边，对于这样的家庭来讲，分离显得尤为困难。无法分离的青少年也就失去了长大的机会，他们也许会变得越来越丧失活力，进而抑郁；也许会变得愤世嫉俗，很难享受生活；也许会变得唯唯诺诺，任由别人替自己做决定……

话说回来，无法完成分离的人们，也许恰恰是因为大多数人都有一对"太好的父母"，他们把一切都安排得非常周到，孩子也就逐渐丧失了要独立的动力和活力。这些父母并非有意为之，只是太过于看重和爱自己的孩子，尽了自己最大的努力，力求去做到满分的状态，但是恰恰这份满分，却剥夺了孩子成长的可能性。所以心理学家温尼科特提到过也许最好的父母只能是"足够好的父母"。这说明，在青少年与家庭分离的任务过程中，部分是需要父母的支持和帮助的，但也需要父母适时地退出一点点，放下一点点，留出青年人发展的空间，不要一切都做得如此完美。

最后我们还需要重申，与家庭分离并不等同于不孝顺、不联系、不回家、远走高飞……这只是一种具有心理上象征意义的边界感。我仍旧是父母的孩子，需要完成在家庭亲子关系中的权利与义务；但是在内心中我清楚，我和父母是两个人，我认同他们的某些部分，也坚持我个人的独立性。在某些重要的人生选择上，我会听取他们的意见建议，但是我的人生决策需要自己评估和权衡，做出决定。

超越原生家庭的伤痛

我们的父母也来源于他们自己的原生家庭。他们当前的行为模式、人格特征也来源于他们自己原生家庭的塑造。如果以此不断向前推导，每个家庭中的伤痛，似乎就是这样被一代一代的传递了下来。这样的伤痛也许仅靠分离是不够的，我们可能还需要去超越这些代际传递下来的伤痛。如何超越？这可能不是一个能够简单回答的问题。超越的标准是什么可能没有人能够讲清楚。在心理学里面关于代际创伤是近十几年讨论的热门。荣格曾说："那些保留在我们生命中无意识的创伤并未得到解决，所以它才以一种宿命的形式重现于我们的生活中。"

所谓的代际创伤一般指的是在一个家庭中，甚至是一个文化的范围内，一代又一代传递下去的心理创伤。后代的人即使没有亲身经历创伤性的事件，也会受到这样事件的波及。

就好比 80 后一代的父母，经历了"困难时期"，这影响了长辈的思想和行为，因此他们在养育子代的过程中，会无意识地把物质匮乏的恐慌和节俭投射在孩子的身上。即使已经是经济条件非常好的家庭，还苛刻的要求孩子节俭和克制。还有一种表现就是强迫性重复，子代去重复父辈的关系、生活。子代可能会有意识或者无意识的去重复父母的生活轨迹。比如妈妈离婚了，女儿也要离婚；代际的影响会通过症状、任务和身份认同等方式传递。

第一种是以症状的方式传递。症状的表现比如说习惯诉诸暴力的父亲，他的儿子长大以后也会经常用对家人动手的方式解决问题，或者采取完全相反的方式，非常的纵容维护孩子。这其实是一种命运模式的重演，以重复的症状或者完全相反的症状进行一代一代的传递。

代际传递的第二种方式是以任务的方式传递，这在系统式家庭治疗中被称为任务的派遣。80 后一代当中最常见的就是父母没有上大学，期望孩子考上好大学。父母没有读书，期望孩子好好读书，改变命运。这就是一个任务，这个任务是父母自己的遗憾，而不是孩子的人生愿望（当然也有部分的人认同了父母的愿望，则不属于这里讨论的情况，我们把这种情况叫作传承）。在这种任务影响下，我们很容易看到这样两种现象：一是孩子完成家人的期望，考上大学，但是觉得自己的生活没有意义，没有了自我；第二种就是孩子开始逐渐脱离家人的控制，远离家人，但同时又觉得很愧疚。

第三种是以身份认同的方式传递。身份认同的意思是孩子认为自己是一个什么样的人，通常在成长的过程中，孩子会首先选择去认同父母。在青春期的时候进行自我意识的探索，发展自己的身份认同。代际传递中的身份认同，就是孩子去认同父母给自己宣传和灌输的人设，或者是去认同父母的人设；当然也有另一种反面的认同，就是坚决不让自己成为父母那样的人。就比如一个离异的妈妈总是对女儿抱怨，男人都是不可靠的，而自己的命运是悲惨的、不被爱的。女儿长大后也是同样的一种内在的信念，认为自己是不值得被爱的，男人会离开自己，最终自己也会婚姻失败。

代际创伤的存在，的确会让我们的很多行为、观念受到原生家庭的影响。这种影响是在潜移默化的过程中发生的，可能我们多数情况下都觉得搞不懂，觉得这是无法解释的现象，或者是觉得自己总是逃不过命运的捉弄，这也造成了原生家庭这个背锅侠的诞生。但是这其中是否只有原生家庭的错，作为家庭中的个体又是否可以有更多的选择，选择抗争、妥协、改变或者超越。

如果我们去翻看一些名人传记，我们会发现有很多人可以超越原生家庭的局限，创造自己的生活。对于普通人来说，同样也可以超越原生家庭给自己带来的伤痛，以我的一个来访者为例。

玲玲，用她自己的话说，几乎她所有不好的情绪都来源于她的家庭。爸爸从小就外出打工，妈妈独自一个人在家里抚养3兄妹长大。父亲和母亲的关系并不好，父亲回家也经常吵架，在玲玲看来，父亲外出打工没挣几个钱，回来总是好吃懒做，喝酒发疯。从小对她来说，一直认为自己的妈妈非常的能干，很心疼她，总是觉得爸爸配不上她。后来3个孩子都长大了一些，妈妈就和爸爸一起外出打工了。玲玲总是说："她一直没有家的感觉，没有一家人坐在一起吃饭那种其乐融融的家的感觉。"哥哥也不争气，出去打工挣钱，去赌博，总是问家里要钱还债；弟弟已经辍学工作，还带了个小女朋友天天赖在家里啃老；而自己呢，上面操心爸妈，因为上了大学有点儿知识，家里的一些涉及行政的事物全包揽到自己身上，交社保，办贫困手续，贷款等，还要安抚妈妈的情绪。中间劝说哥哥不要再赌了，下面帮忙照顾弟弟弟妹……每次接到妈妈的电话都要好久才能平复心情，似乎只有自己是在为了这个家一会儿担心这个，一会儿操心那个，越来越没有"家"的感觉。不光是玲玲，哥哥和弟弟也是这么认为的，而且爸爸妈妈也有这种感觉。

是什么让这个家，人员齐备却越来越没有"家"的感觉？家人们离开了原来的家？还是大家都各奔东西操心自己的事情？都有可能吧。玲玲会埋怨爸妈，只想着挣钱，3个孩子都已经可以自己挣钱了，不用他们那么辛苦挣钱，为什么还不停一停管管家而不是去挣钱？玲玲会埋怨哥哥，作为家里的老大一点儿没有担当，总是让爸妈操心；玲玲会埋怨弟弟，一直跟着爸妈一起，都已经成人还需要爸妈照顾；玲玲也会埋怨自己，觉得只有自己在操心这个家，只有自己在把大家的注意力拉回家里面，形成一个家，而其他人似乎都有自己更操心的事情。所以她觉得很辛苦，每次谈到家里的情况心情都非常的沉重。在咨询过程中，我问了一个问题：其他的家人们也同样觉得越来越没有家的感觉了，从你的观察里看，他们都做了哪些事情来让这个家有点儿家的感觉？开始玲玲想不出来，后来在我们的共同探索下她意识到，父母辛苦挣钱也是期望能给孩子一个家，因为妈妈经常说"等我们挣了钱，回家买一个怎样怎样的房子，我们就不出来打工了，逢年过节你们也有家回"。换句话说，父母是在用挣钱的方式来让自己的家像个家，哪怕是以后。哥哥呢？出去工作了，却总是在跟家人要钱，总是用需要吸引家人的注意力，哥哥用自己的方式在和家庭产生关系，就是让大家都很操心他，哪怕是经常打电话数落他，也觉得大家都在。弟弟则更直接了，我就赖在家里，在家吃在家住，妈妈去干啥工作都要带着我，弟弟在找自己家的感觉，那就是不离开家。在我们通过这些蛛丝马迹去重新解读了每个人之后，玲玲有一种恍然大悟的感觉。原来家里的每个人都在不知不觉地做一些事情来让自己和家有更多的连接，而自己用的方法是承担了家里所有的事务性工作，为每个人着想，不断的劝说。领悟这点之后，玲玲有了一点点的变化，对家人的一些做法和行为多了一层理解，变得可以接受了。

我想这就是某种程度的超越吧，玲玲的家庭并没有改变，而玲玲改变了，她看到了，理解了其他家人的做法。她不需要再逃离或者抱怨生气，而有了第三种可能性，那就是带着理解和觉知继续生活，继续为家庭操心。超越大抵就是这样的感觉，不再只有两端的选择——否认、逃避抑或是肯定、无助；而是在这两端找到一个新的第三种可能性，超越了原生家庭带来的伤痛，有了自己的选择并开启新的模式。

当然任何事物都有很多不同的侧面，我们在讨论原生家庭伤痛的同时，在家庭代际传递的过程中，原生家庭也会传递其他的东西。同样用一条被污染的河流来举例，作为下游生活的小鱼，家庭问题的传递，同时也传递了滋养的水源，给予了我们滋养和必要的生存环境。我们可能没有能力逆流而上改变河水的污染，但是我们可以试图去搞清楚河流的污染源是什么？并且掌握去除自己当前河段污染源的办法，减少对再下游小鱼的污染程度。我们也可以去向再上游的鱼去请教如何在重污染地区生活的能力，并传承这种能力，保障自己的生存。

当今社会中的女性发展

在这一章的最后，我们有必要着重提一下女性的心理发展。在中国的文化背景下，即使是当今的社会中，女性始终是和家庭紧密结合的，女性通常都还会有一个母亲的身份。那是不是女性不需要与家庭分离呢？当然不是。女性的心灵成长也需要完成与家庭的分离，但是这份分离的确要更加困难一些。同时，在我们不断传承的文化潜在的观念中，也一直有"重男轻女"的观念存在，这其实更迫切的要求女性，只有完成与家庭心灵上的分离才能更好地发展。

在当前的社会环境中，我们不可否认的是女性的地位逐渐地受到重视，现代的女性开始承担越来越多的社会责任，在职场上我们也可以看到很多女性的身影，包括在政治/军事领域，女性都可以成为亮眼的风景线。同时社会中还会对于女性在家庭中的角色有一种隐性的要求，比如通常会对女性说要学会平衡家庭和事业，这类的话我们可能很少用在男性的身上。

曾经认为的相夫教子的传统观念在现代社会正在逐渐地发生变化，在社会中，女性也已经不再是封建社会中那种没有地位、受人摆布的状态。但是前述"重男轻女"的思想其实仍旧存在，它可能并不是在我们的意识中，但却仍旧存在于我们的无意识中，或者潜在的观念中。举个例子，在某一次培训过程中老师开玩笑地问在场的女性学员，你想要一个男性领导还是女性领导？读者也可以问问自己下意识第一反应是什么？

笔者第一反应当然是男领导啦！因为男领导如何如何，女领导又如何如何。当然我可以说出非常强有力的支撑这个结论的条件，但是当我在第一瞬间做决定的时候同时也隐含了男性比女性好地比较。尽管我也是一个受到"重男轻女"观念折磨的人，尽管我也做了很多的心理建设，但是一个观念的消除实属不易！

在中国封建社会时期就教导女子要"三从四德"。"三从"是未嫁从父，既嫁从夫，夫死从子。女性所从的都是男性，这就是父权社会的一种反映。在现实生活中，比如中国的西部地区，仍旧有不少的村落中的传统老人认为女童并不是必须要接受教育的。随着近几年经济的发展，教育的普及，这种观念有所减轻，但并没有完全被消除。其实可以说，传统封建社会中的男尊女卑的观念在某种程度上是一直存在的，并在持续不断的影响当前社会中大众的思想。我们需要承认，男性的理性、体力等方面的确能够为社会的发展提供非常强劲的支持。在这个多数重要的岗位都以男性为主的社会中，女性在承担自己社会角色的同时，也在承受着约束和贬低，比如认为女性缺乏理性，情感用事，甚至被贬低为生育的工具。一些键盘侠站在"道德"的制高点，在评论区留下"一个女人不生孩子就是失败的""不结婚，看你老了怎么办"等字样。从这些键盘侠的言语中，我们隐约也感受到女性在现代生活中的那种不容易，女性仍旧是那个经常被指责、被教导顺从、被认为需要嫁得好的那个群体。这里面自然也反映出对于女性成功的标准问题，什么样的女性才算是成功的？女性怎样才能完成分离，活出自我？

笔者在咨询的过程中，接触到了太多的女性来访者的压力与冲突，都来源于当前社会中各种潜在的"重男轻女"观念。这样的女性来访者通常都会十分的上进、有计划、有很强的逻辑理性思维，在社会生活中适应良好，也会比较受欢迎，是周围人依赖和仰仗的对象。我们会认为这样女性很靠谱，很有能力，办事让人放心。但其实对于部分女性来讲他们的内心是痛苦的，她们总是认为自己缺失了一些东西，但是到底缺失了什么也无法表达清楚。或者外在的要求总是让她们变得很累，总是感觉到生活得没有了自己。

一方面在社会、家庭中，女性在当前的社会环境下的确更需要做的是去平衡，为自己留出空间。为什么对女性强调平衡呢？养育、抚育是女性的本能，女性可以本能的养育照顾，可以为孩子牺牲，这是女性的积极母亲原型的面向。同时当今的社会也在教育我们，女性能站半边天位，社会上在强调男女平等。通常情况下受过高等教育的女性也会很有意识的去争取，所有的这些其实都会不自觉地引导女性去参与竞争，去和男性竞争。通过竞争的方式，去证明自己可以顶起半边天。我并不反对竞争，只是这种竞争并没有考虑女性本身的特质，而是要在社会领域内，与男性进行智性的竞争，这本身就是不公平的。这本身也是在要求女性要去证明自己和男性是一样的，男性可以达到的成功女性也可以。有没有人停下来思考过，用这样的方式去证明有什么问题呢？女性为什么要证明自己可以和男性一样呢？这样是否本身就隐含了一些不公平的意味？女性不可以以女性的特质赢得自己受尊重的地位吗？这样的成功即使真的实现了，对于女性来说就是平等的吗？是真正符合女性特质的成功吗？还是只是把女性塑造成了男性？

另一方面社会又在要求，女性可以承担家庭的某些责任，比如养育孩子、家务等，这就变成了女性既要承担家庭的同时，还要在社会上证明我可以和男性平分半边天，这里面似乎有一些不公平的味道。我想这个问题是每个女性自己需要去考虑的问题，如何取舍与平衡。对于女性来说，无论是大学生还是社会人，认识自己和活出自己的过程都是不容易的，我们可能需要首先正视这样一个问题，我所追求的、认同的东西是否是发自自己内心的，抑或者是被家庭、文化、社会所裹挟下的要求。

在分析心理学里面，我们会用被阿尼姆斯捕获来形容这样的一种情况。它所指代的就是这样的一些女性，在成长过程中这一类女生的阳性力量（阿尼姆斯的力量），她的创造性的部分被父亲、社会所打压和摧毁，导致她失去对于自己的一种信任和对自己能力的客观判断，她为了生存只好去学习社会中男性的生活方式，学习社会所接受认可的生活方式，而忽略了自己内在本身就具有的阳性力量。

荣格认为我们每个人，无论男女，内心都有女性特质和男性特质。女性特质用阿尼玛指代，男性特质用阿尼姆斯。女性特质代表我们内心中那些阴性的、温柔的、照顾的、孕育的、混乱的、控制的、自然的；

45

阿尼姆斯代表那些阳性的、竞争的、智性的、逻辑的、力量的。

在我们的周围是不是有很多的女性认为女人最终都要靠自己？当然靠自己是正确的。在说这句话的时候，可能多数的女性都认为自己周围的男性不怎么靠谱，甚至可以不要男人，自己生活得也很好。男人可以做的事情我都能做啊！我为什么还需要男人？但是内心真实的想法是这样的吗？这些观念的背后似乎包含着一种被迫的意味，谁不想有人依靠呢？都只靠自己，那我们内心的女性部分呢？那个性感、柔情，可以很感性甚至撒娇、喜怒无常的女性部分却没有一个容器来承载。这其实就是她们所缺失的东西，正是这个部分，让这样的女性感觉到不完整，让她们感觉非常的消耗、疲劳。

我讲课的时候通常都会问，如何以女性的身份成功？什么是女性的成功？通常都会让一些人陷入沉思，也会让一些人迷茫。也许有些人一直深陷在追逐的路上，却从来没有停下来想想要如何去成功。在我周围的同事当中，也有很多的女性在生活中，被老公、被孩子、被工作、被公婆家长所限制、所要求，从而生活得越来越没有了自我，不为自己花钱，享受后又觉得内疚。在这样环境下的女性需要如何发展，女性与家庭的分离，不仅仅是与原生家庭的分离，还有与当前核心家庭的必要的心理上的界限设置。然后再去思考如何以女性的方式获得成功，男性和女性的成功究竟如何界定和区分？我们通过一位女性的例子来思考一下自己：

李清照（1084—约1155年），号易安居士，齐州济南（今山东省济南市章丘区）人。宋代女词人，婉约词派代表，有"千古第一才女"之称。前半生幸福开心，琴瑟和弦，登顶之后经历了众多的失去。孤独无依之中，再嫁张汝舟。张汝舟早就觊觎她的珍贵收藏。当婚后发现李清照家中并无多少财物时，便大失所望，随即不断口角，进而谩骂，甚至拳脚相加。张汝舟的野蛮行径，使李清照难以容忍。后发现张汝舟还有营私舞弊、虚报举数骗取官职的罪行。李清照便报官告发了张汝舟，并要求离婚。经查属实，张汝舟被除名编管柳州。李清照虽被获准离婚，但宋代法律规定，妻告夫要判处 3 年徒刑，故亦身陷囹圄。后经翰林学士綦崇礼等亲友的大力营救，关押 9 日之后获释。

李清照作为中国古代文学史上少有的女作家，其作品中所体现的爱国思想，具有积极的社会意义。从历史的角度来看，李清照的爱国思想体现了中国古代广大妇女追求男女平等、关心国事、热爱祖国的一个侧面，让后人从中看到了中国古代女性情感世界的另一面。而且，她还在众多爱国作家中为女性争得了一席之地。不仅如此，李清照还开创了女作家爱国主义创作的先河，为后世留下了一个女性爱国的光辉典范，特别是对现代女性文学的创作产生了重大影响。晚年的李清照，在饱经风霜离乱之后，不复当年词作的霸气，从开始的惊词险句转向平易浅近，创造出独特风格的"易安体"。

对比在传统社会中，李清照并不能够算成功，她的一生都在追求文学上的升华的表达。几次婚姻的失败并没有让这个女性觉得自己没有可能。在封建社会尚且如此，在现代社会中呢？如果让我们去总结一下李清照的一些特点，我想肯定不会是她挣了多少钱，有一个多么出息的孩子，家里卫生如何干净整洁，那么李清照的女性特点是什么呢？

（1）知己所求，对于自己想要的，喜欢的是很明确的。知道自己的不足，知道自己的优势。

（2）有解决问题的勇气。去面对问题和解决问题，有自己的主见，有承担争议的勇气，有站在聚光灯下的自信。

（3）用自己的天赋生活。女性相比较男性的一种天赋，爱，感受或者审美。她并没有活成男性的成功，而是走出了自己的道路。忠于和发挥自己的天赋。

其实如果从更广阔的角度来看女性，女性的价值不仅仅体现在生育。生育，也不是仅仅指的生孩子，生只是其中的一部分，另一部分是"育"。而育应当是一个很庞大的体系，也可以从另一个角度体现出女性在一个人成长的过程中所产生的重要影响。在社会上有这样一句俗话，家庭中的女性会影响三代人，父辈/同辈和子辈，女性的修养和格局决定了一个家庭，一个社会的格局。

所以即使社会大环境下对于女性的价值仍未有完全的共识，但是作为女性的读者，有义务去发现探索自身的特殊价值，以女性的天赋在社会上取得自己的地位，成就，发展自己，做自己。

第三章

学会如何爱

在柏拉图的《会饮篇》中以文学的形式讲述了爱情的本质，柏拉图讲：

> 从前人的形体是一个圆团，腰和背都是圆的，每人有四只手、四只脚，头和颈也是圆的，头上有两副面孔，前后方向相反，耳朵有两个，生殖器有一对，其他器官的数目都依比例加倍。这种人的体力和精力都非常强壮，因此自高自大，乃至于图谋向诸神造反。于是宙斯想出一个办法，一方面让人类活着，另一方面削弱他们的力量，使他们不敢再捣乱。办法是把每个人截成两半。截开之后，原本圆满的人开始疯狂地去寻找另一半，想再合拢在一起。就是像这样，从很古老的时代，人与人彼此相爱的情欲就种植在人心里，它要恢复原始的整一状态，把两个人合成一个，医好从前截开的伤痛。

这是一个美丽的故事。我们的一生都在寻觅我们那个完美的另一半，期望再次和他/她结合在一起，也许这就是爱情的感觉吧。

什么是爱?

周明的大学生活很丰富,进入大学后顺利地当选了班长,也顺利地通过了学生会的面试,成了校学生会的干部。参加越来越多的活动,让他也认识了越来越多的人。可能因为自身外形条件比较不错,吸引到了很多女生的注意。但是有一个女生和别人不太一样,她是一个学姐,是学生会中的成员。在刚进入学生会工作期间,学姐帮助了他很多,无论是在工作上,还是在生活上。周明很喜欢和感激这个学姐,经常会和学姐一起做事情。"双 11"这天,学姐向他表白,说:"我们既然经常在一起做事、吃饭、聊天,恰好我喜欢你,不如我们做男女朋友吧!"那一个瞬间,周明有点儿"懵",觉得似乎哪里不太对劲,但是又一想,她说的也挺有道理呀,我们天天出双入对的。于是他就缓慢地点了点头,回答道"好的"……

在两个人确定了恋爱关系之后,一切都进展得很顺利。但是在周明的心里始终存有一个疑惑,"这就是爱情吗?我爱她吗?我确实很喜欢她,也很感谢她,但是这就是爱吗?"看到周明的内心疑问,你是否也曾经有类似的追问?为了回答这个追问,我们需要首先回答爱情是什么。

从生物进化的角度来讲,我们人类生来就需要与他人联结。纵观地球的整个生态环境,很多动物在出生后不久就可以自主地活动和生存,而人类的宝宝在这方面似乎表现得不尽如人意。自主运动能力的发展,让宝宝们从小就演化出一种"卖萌"的能力，以保证他们不会被抛弃，能够安全地长大。除了宝宝长得萌萌的，人类的生物系统还发展出一些激素和神经递质，让人类产生爱的感觉，以此来保持生物的繁衍。

在动物界繁衍后代是一种本能，为了雄性和雌性能够顺利完成交配，必须有一种什么因素促使某个雌性选择了某个雄性，某个雄性又能够选择某个雌性，爱情就在这里面逐渐进化产生。对于人类来说，爱情在生物激素的层面上，只不过是某些激素的飙升和某些激素的抑制。但是如果仅仅把爱情当作是一种繁衍的本能，未免太过于狭隘。从古至今关于爱情的话题永远亘古常新。在我国最著名的诗歌总集《诗经》中就有三分之一左右的诗歌在描述爱情；在现代的电视剧、电影中，爱情也永远都是主流的讨论话题。这足以说明爱情在我们生活中所占的比重之高。就像是吃饭、睡觉一样，是所有人需要了解和认识的。

罗伯特·斯滕博格提出著名的爱情三角理论，他认为爱情包含了三个重要的元素，分别为亲密、激情和承诺。其中亲密具有热情、理解、交流、支持及分享等特点；激情以身体欲望的激起为特征；承诺则是自己坚定地投身于一份感情且为这份感情所付出努力。承诺是认知性的，亲密是感情性的，而激情是动机性的。三种成分因强弱不同、组合类型不同，又可以分为8种不同类型的爱。如此来看，爱情似乎是一件比较容易的事情，但在实际生活中，爱情或者人们对爱的体验其实是更为复杂和微妙的，不同类型的爱可能会以更为复杂的方式交叠，不管怎样，爱情三角理论提供了一个非常实用的框架，让我们了解了爱情的基本元素。

在周明现阶段对学姐的感情中，我们看到了一定程度的亲密，一定程度的承诺，但是激情的成分似乎比较欠缺。在此我们可以判断，他对学姐的这份情感更类似于同伴的喜爱，或者只是仅仅的亲密和喜欢，距离真正的爱情尚有一定的差别。果然不出意料，这份心里存在的疑惑一直在困扰着他，成为两个人绕不过去的话题，在和学姐的恋人关系维持了仅仅三个月之后，周明最终还是提出了分手，结束了这段关系。

诚如周明，在青春年少、对爱情懵懂的年纪，都会对自己有这样的追问，我和他/她这是爱情吗？很多人也会在这个既冲动又向往爱情的年纪犯下很多的错误，才有了《后来》里的那句：后来，我总算学会了如何去爱，可惜你已经远去消失在人海。你可能也会通过电视剧里的情节看到一些受父母之命、媒妁之言而结合的夫妻，从陌生抵抗，到琴瑟和鸣。这说明爱情开始的时候，是无法决定后续的发展的。只要3种元素能够在关系中化合产生，一段爱情关系就可以是圆满喜悦的。

激情、亲密和承诺这3个因素从心理能力的角度来说，要想发挥作用，就必须具备3种对应的能力，分别是对于性和性别的接纳，具有维持稳定关系的能力，以及成熟的道德和伦理观念。

首先对于性和性别的接纳，按照罗伯特·斯滕博格的爱情三角形理论，如果爱情没有激情，那么更像是同伴的爱。对自己性的接纳这里面首先就包括了对自己性别角色的认同，也包括了对对方性别的认同。

其次维持稳定关系的能力，这里仅指的是爱情关系。爱情需要去维持，在这个维持中除了技巧，还需要有一定的心理基本能力。爱情的亲密，黏合在一起的关系在潜意识中其实和婴儿与母亲的那种一体关系的感觉类似。换句话说，如果一个人在内心中没有完成与母亲、与家庭心理上的分离，那么现实中他也很难有和谐美满的婚姻关系。这样的主题我们无论是从神话故事中，还是从现实生活中都可以发现。神话传说中，往往英雄在屠龙之后才会得到爱情，英雄打败魔王才能够赢得公主。而龙在神话故事中就是消极母亲的一种象征。在现实生活中，我们通常也会看到类似的婆媳关系新闻，因为男生一切都听妈妈的，让自己的婚姻生活不太顺利。

维持稳定的关系同时还需要具备经营的能力和技能，就像是去经营一家企业盈利一样。爱情关系，甚至是人际关系也同样是需要经营和资本投入的。这会要求我们要有心理资本的投入，这些心理资本就代表了我们有能力去爱一个人；需要我们长期的维护；需要我们在危机时刻有应变的能力等等。

最后是成熟的道德和伦理观念。爱情是后天发展起来的一种社会情感，建立起深刻的爱情也需要有一个人"超我"部分的参与。超我代表的是我们心中的自我道德检查，是良心的部分。我们需要超我去维持承诺、忠贞。我们需要知道在爱情关系中什么能做、什么不能做，我们会清楚地区分理想和现实。爱情的双方也需要有匹配的关于爱情的价值观念，共同的道德准则。用《关雎》这首诗来说，作为诗经的首篇，很多的学者认为必定有其道理。比如君子、淑女必然是社会地位相对等的一对；比如男子尽管辗转反侧、寤寐思服，也遵守了基本的伦理要求，琴瑟友之而不是偷鸡摸狗。

爱可以长久吗？

晶晶目前是一名大三的女生。在高中的生活中，和同班的何琦互相爱慕，两人约定共同努力备战高考，高考结束后两人再发展恋爱关系。高考结束后，释放了压力的两个人按照约定确定了恋爱关系。在成绩公布之后，何琦发挥超常，达到了一本线；晶晶成绩稍差，只能上二本学校。晶晶劝何琦，不要考虑是不是和自己在一个学校，你成绩这么好，可以变得更优秀，不要辜负了这个好成绩。最后何琦被一所沿海城市的985高校录取，晶晶被一所西部地区的二本学校录取，至此两人开始了漫长的三年异地恋时光。

就像通常的异地恋模式那样，两个人分分合合，在思念和煎熬中度过了大学3年的时间。也像通常的异地恋模式一样，这中间会发生好多次的有关于公平与付出的讨论，甚至是争吵。在进入大三之后，晶晶某一天一个突然的想法改变了这一切的平衡。"为什么每次都是我给他打电话呢？我要看看他会不会主动想起来联系我"。于是又一次暗中的较量开始了。晶晶开始强迫自己忍住给对方打电话的冲动，而神奇的是，男朋友似乎也没有觉察到什么，仍旧是和往常一样的相处和问候。于是她继续忍住。更加神奇的是，自己在忍住不主动联系一段时间之后，发现自己居然适应了，不联系就不联系吧，等他找我吧。于是两个人之间的联系就这样开始逐渐平淡和冷却下来。

看晶晶和何琦的情况，我想在许多异地恋的情侣之间都会发生，我们不禁要问，爱情这个东西能够持久吗？笔者可能要很负责任地告诉你，大多数人的爱情，如果不去经营，是真的不会持久的！

如果我们看爱情三角理论，激情、亲密和承诺这3个因素，简单而又残酷的真理是：随着时间的推移，浪漫和激情的爱情成分在减少。在20世纪90年代印度的一项研究（Gupta & Singh，1982）中，研究者比较了为爱情而结婚和包办婚姻在爱情量表中的得分。结果发现人们为爱情而结婚后浪漫的爱开始减少。这其实不难理解，以下两个原因可以很好地说明浪漫的爱情会随着时间减少。首先是幻想，在一段爱情之初，将对方理想化、完美化是大多数人的不自觉行为，随着时间的增加，两个人了解的不断深入，这种理想化和完美化会被现实逐渐打破。其次就是新鲜，设想一下两个人第一次牵手、亲吻的激动与 10 年之后牵手亲吻的激动程度，自然是有差别的。

我们引用前述的罗伯特·斯滕伯格爱情三角理论，我们通常认为爱情不会持久，其实是爱情三元素里面的激情因素无法持久，也就是热恋期的那种想要在一起的冲动，非他不可的冲动无法持久。亲密和承诺的因素是可以持久的，而且也是一段完美爱情，甚至是婚姻的最终决定性因素。所以从整体的角度来说，激情的爱是无法持久的。

如果想要更加权威地回答这个问题，我们需要从恋爱的历程上再来看一下。苏珊·坎贝尔在《伴侣的旅程》中将关系分为浪漫期、权力争夺期、稳定期、承诺期和共同创造期五个发展阶段。

浪漫期大概是我们在恋爱初期的那种热恋的状态；权利争夺期这个名词也许会让很多人觉得不可思议，谈恋爱要争夺什么权利呢？这个时期权利的争夺体现在关系中的控制与被控制。随着关系的深入我们可能会逐渐发现对方的一些小缺点，比如脚臭啊、雀斑啊这样的一些小瑕疵，你可能觉得他/她似乎不是那么完美无瑕了。因为这些小瑕疵、小习惯会更想让对方改变，以此去符合当初浪漫阶段的那种想象。这就是在权利争夺期的拉锯战，我想改掉你懒散的毛病，你想改掉我晚上不刷牙的习惯；逐渐越来越多的控制加进来，我想让你穿紧身黑裙子，你想让我每天刮胡子……很多情侣会在这个阶段争吵、妥协、争吵、对抗、争吵、疏远和不断拉锯。当度过了初级阶段的浪漫期和权力争夺期，就会来到相对平静的稳定期和承诺期。我们会理解双方的差异，允许差异，承诺彼此有自由的选择。最后一个阶段共同创造期，两个人共同创造自己的生活，达成共识，共同承担责任义务。

这五个阶段让我们看到爱情是可以持久的，同时我们也会发觉这五个阶段的发展不仅仅是时间的累积，更有双方在关系中的付出、经营和创造。有很多的伴侣无法完成所有五个阶段的旅程，会有很多的伴侣阵亡在权力争夺期的斗争中。这也许就是我们所认为的爱情不能够长久的某种原因吧，其实并不是爱情本身不长久，而是我们缺少了经营爱情的能力，或者根本上找错了对象。

爱的不同层次和个体差异

爱的不同层次

现在我们看到了不同的爱的类型，周明的爱情，晶晶的爱情。在现实生活中，你会发现有些人的爱情充满了温情与甜蜜，有些人的爱情平淡与坚定，有些人的爱情却是痛苦与纠结的。是什么造成爱情的这种千差万别呢？很多原因会影响爱情的质量，比如个人的性格特点、心智成熟程度，社会、家庭规范等等。接下来我们再从其他的角度来看看爱情。

让我们首先从整体爱情的层面，将爱情划分为 3 个层次，这 3 个层次按照其在现实生活中存在的比例来看，是按照一个金字塔的结构呈现出来的。最低的层次为掠夺的爱，中间的层次为平等的爱，最高的层次为奉献的爱（如图 3-1 所示）。

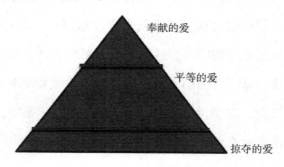

图 3-1　不同层次的爱

最底层掠夺的爱，指的是在一段关系中，两人在乎的是如何控制对方，在乎的是索取对方更多的爱和关注。当然这种索取并不一定是在意识层面，更多是在无意识层面。

最高层奉献的爱，指的是在一段关系中，两人对于付出与回报是否平等并不十分计较，更多的是一种不计较得失的、非功利性的爱，是一种纯粹的发自内心的爱，是一种更高层次的精神上的体现。是在双方的心理成熟度足够的情况下，所发展出来的一种爱。最高层次的爱在人群中所占的比例并不多，是需要个体有足够的心理健康程度和成熟度的情况下才能够发展出来的一种关系。最底层的爱在现实生活中也并不常见，但也还是能够在周围观察到的。就痛苦程度而言，奉献的爱是很少体会到痛苦的，即使有痛苦也能够及时得到解决。掠夺的爱肯定是最让人痛苦的，在这样的关系中，只能感受到无处不在的焦虑和权利之争。

我们会在本章的最后一部分详细讨论掠夺的爱。

对于大多数人来讲，我们所经历的是平等的爱。在这种恋爱的关系中，恋爱双方在乎的是付出与回报之间的平等，以互利互惠的方式共同经营。当其中一方的付出和回报不成正比的时候，矛盾就产生了。当其中一方只索取不付出的时候，关系就即将面临终止。在这样的关系中，相对公平平衡是最重要的因素，这也就可以解释为什么我们总会在内心衡量付出与回报。这个层面的爱情是一件需要去经营的事情，像经营一家公司，需要投资，需要付出，也需要收益。对于大多数人来讲，想要爱情的持久就需要自己的付出和经营。

那么，你的爱情是在哪个层次呢？

爱情中的个体差异

除去在总体上对爱情关系的分层，我们再从具体的细节来看看。俗话说没有对比就没有伤害，现实生活中我们会发现身边的情侣们，每一对的相处模式都不一样。有些人平平淡淡，有些人天天吵架；有些人细水长流，有些人形影不离；有些人在争吵中增进关系，有些人在争吵中逐渐绝望。让我们再来聊一聊爱情中的个体差异。

这里需要引入一个新概念，叫作依恋。依恋指代的是幼儿和他的照顾者之间存在的一种情感关系，一种感情上的联结。这个概念最早是由鲍尔比提出的，由儿童心理学家安斯沃斯通过陌生情境实验所发展和总结出来，安斯沃斯把依恋分为三种类型，分别是安全型、焦虑型和回避型。成人的依恋类型稍有不同，人际关系的专家巴塞罗缪又进一步提出成人的依恋类型是四种，分别是安全型、痴迷型、恐惧型和回避型，如

58

图 3-2 所示。

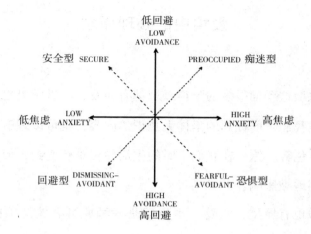

图 3-2 成人的依恋类型

很多亲密关系领域的研究会发现，个人的依恋类型能够很大程度上预测在爱情关系中双方相处的质量。通常拥有安全型依恋关系的人更容易在爱情关系中建立稳定和积极的情绪情感联系，表现为亲密、关怀、能够支持理解，也会容易找到资源帮助自己应对情感问题。痴迷型的依恋关系表现为对于关系的高焦虑、敏感和不确定，同时又非常想要亲近。恐惧型的依恋关系会回避深入的情感关系，对于对方的接近也可能会紧张、担心。回避型主要表现为冷漠、孤立，可能根本就不想发展爱情关系。安全型依恋的个体相对于其他三种类型更容易获得较为满意的情感关系。痴迷型和恐惧型在爱情关系中通常是焦虑的，更容易产生冲突。所以个人情感关系中的细微差异除了爱的能力，也和每个人的依恋类型有关系。

爱情中的心理原型

对于原型这个词很多的学科领域都有涉及，心理学里也有原型的概念。原型是我们之前提到的集体无意识的内容，也可以理解为母题、模式、典型角色等。原型在我们平时的生活中很难感受到，但是每个人却又时时刻刻地被影响着。

爱情中也有原型，"爱"本身就是一种原型。像是柏拉图《会饮篇》中所描述的寻找自己的另一半，也许就是爱情的原型模式。在心理学中我们认为，你需要去寻找的"另一半"，其实是你自己心目中的阿尼玛原型、阿尼姆斯原型。阿尼玛/阿尼姆斯是心理学家荣格提出的两种重要的心理原型。阿尼玛指的是男性心目中的一个集体的女性形象；阿尼姆斯指的是女性心目中的一个集体的男性形象。可以说我们的内心原本是完整的，既有男性成分，又有女性成分。这里所指的男性女性成分，并不是说你可以既是男性又是女性，而是表示在一个男性的身上也可以有温柔、保护、滋养、温暖、涵容这样的女性特点；同理在女性身上也可以有阳刚、勇敢、负责、竞争、理智这样的男性特点。在现实生活中大多数的我们，会首先认同自己生理的性别身份、性别角色，认同自己性别角色应该表现出怎样的特点，如女性应该温柔善良，男性应该勇敢阳刚，而忽略或者是隐藏另一面，如男性的温柔面、女性的阳刚面。

爱情恰好就给了我们这样一个机会。我们是如何找到自己的爱人的呢？也许自己会有一些具体的择偶标准，高矮胖瘦、经济条件、文化水平，但这些外在条件的累加似乎也并不能完全解释就是这个人。那我们又为什么对某个人动心，对另一个条件相同的人不动心？从原型的角度来说，我们在寻找另一半的时候有很大的可能性会参考自己内心中的阿尼玛/阿尼姆斯原型意象，就像我们心中有一张模糊的另一半的照片，这张照片是比较模糊的，只有个大概的形象轮廓，但是也能够让我们在人群中认出那个人。所谓的寻找自己的另一半，也可能就是在找寻符合自己内心阿尼玛/阿尼姆斯形象的另一半，去寻找那些本来自己就可能有却被隐藏的特点。

如果爱情完全就是这样的话，未免也太让人失望了，我们找来找去都是在找自己吗？其实也不尽然。我们在寻找另一半的时候的确会参考自己内心的阿尼玛/阿尼姆斯的原型形象，假定或者认为面前的这个人就是自己所爱，然后逐渐地深入交往。这可能会有几种情况，一种情况我假定他就是我的另一半，如果他不符合就改造他；一种情况是我假定他就是我的另一半，之后验证他部分符合，部分具有这个人自己的特点；还有一种情况是我假定他是我的另一半，之后验证他也的确可以符合我的假定。几种情况又可能演变出很多不同的关系种类，不同的关系进展。最优的情况是两个人互相都找对了，允许有些许误差，但能够共同幸福地生活。

或者如果我们换一个角度，我们虽然参考着内心的这张模糊的照片在寻找爱情，但这个模糊的形象其实是"自己"的另外一个部分，那所谓的爱情是真的吗？我们不就是在找自己吗？也不尽然，所谓的心理成长，成长的是什么呢，就是让我们能够有更多更全面地对自己的认识，我们最终都需要在自己的内心找到和发现自己缺失的那个部分，在内心与其结合。当内心能够结合的时候，我们再向外去寻找，才能真正地看见另一个人的本来面目，才能够真正地谈得上喜欢和爱，而不是喜欢的是自己内心想象的一种虚化的形象。

如何去爱

　　晶晶和何琦的爱情是可以持久的，但是我们不能否认，这段感情同时又是痛苦的，究竟是什么让爱情变得痛苦呢？又或者我们需要如何去爱对方呢？

　　首先我们从性格特点上来看。你可能要回答一个问题，那就是："究竟是性格互补的人适合在一起？还是性格相似的人适合在一起？"

　　在我们的现实生活中，你可能会对身边那些差异明显的情侣印象深刻，无论是身高差、性格差又或者是经济差。事实上，这其中可能会存在一些认知上的偏差，即我们常常会因为这些差异而忽略了这对情侣之间的相似之处。比如一个是外向活泼的女生，一个是害羞沉静的男生，两个人之所以会在一起是因为有相似的成长经历让他们更懂彼此。性格外向的女生、性格内向的男生比比皆是，究竟是什么让这特定的两个人走在了一起，我想一定是他们中有外人所无法察觉的相似点。

　　如果参考我们前面所提到的原型概念，你会发现，很多人无意识地在寻找自己另一半的时候，会受一些自己没有的却又有点向往的特点所吸引，考虑去找那些和自己不一样的，比如自己内向，想找个外向的；

自己阳刚，想找个柔弱的；自己父爱母爱缺失，想找个家庭氛围好的。这可能是大多数人在恋爱之初的动机，但是当两个人开始相处的时候，相似的特点会逐渐变得重要起来，因为相似的特点是更容易维持长期相处和生活的。

当然，回答了这个问题只是爱情的开始，尽管两个人因为共同性或相似性走到了一起，在日益亲近的交往中，差异仍旧不可避免，双方都能够感受到这种差异所带来的压力，偶尔产生矛盾也在所难免，但是仔细一想，其实真正影响关系、带来矛盾的并不一定是各种差异，还有可能是双方对这种差异的接受程度。比如消费观念的差异，对于购买限量包包，如果女生认为买不买无所谓，男生认为努力挣到了钱就可以买，那尽管有差异，也不会有矛盾；反过来，如果女生认为男生无能，男生认为女生虚荣，那么就会造成矛盾，矛盾产生裂痕，裂痕影响关系。所以重要的不是真实的差异，而是双方对差异的态度和接纳程度。再比如性格类型的差异，一个外向的男生，一个内向的女生。男生喜欢出去和朋友聚会聊天；女生喜欢在家中品茶读书。如果双方都接纳对方的性格特点，两个人就可以相安无事，偶尔男生陪女生看看书，女生陪男生出去玩玩。但如果男生无法理解女生的内向，女生也无法理解男生的外向那就会产生矛盾。

其次在爱情的关系中，如何相处也是非常重要的，有一句歌词叫作"相爱总是简单，相处太难"。再美丽的开始，也需要经历每日的柴米油盐，对处于普通的爱的层次的大多数人而言，想要为爱情保鲜，需要去学习基本的相处之道，去经营爱情，而不是损耗爱情。我通常把它形容成银行存款，类似的爱情也有一个自己的虚拟账户，每个人都是需要往里面"存款"的，存的是你对于这份爱情和爱人的关心、付出。有存才有取，如果一直取钱没有存钱迟早是会破产的。那什么样的事情是可以存款的呢？每个人可能都不尽相同，盖瑞·查普曼博士在他的《爱的五种语言》中为大家总结出了五种主要的爱语，我们需要做的就是找到自己的、对方的爱的语言，然后"投其所好"让自己的爱情永远保鲜。

爱语一：肯定的言词

马克·吐温曾经说过：一句称赞的话，可以让我活两个月。心理学家威廉·詹姆斯说过：人类最深处的需要，就是感觉被人欣赏。口头语言上赞扬的表达或者是欣赏，是表达爱的有利沟通工具，尤其是那些简单、坦率的肯定言辞，比如：你穿这件衣服看起来很帅！谢谢你帮我准备了早餐！今天你的那个三分球简直太棒了！……当我们听到肯定的言辞时，我们就会被激励，从而愿意回报，也可能会激发出对方的潜力。

爱语二：精心的时刻

精心的时刻就是给予对方全部的注意力。你是否留意过，外出一起用餐时热恋期约会的男女和已婚夫妇的差别？前者彼此注目，后者则东张西望、看手机。所以，称得上精心的时刻必须是全神贯注地交谈，或是一次只有你们两人的活动，也可以是手拉手地散步。做什么其实是次要的，重要的是花时间"锁住"对方的情感。

爱语三：接受礼物

礼物是一件我们可以拿在手里，并且表示对方想到了我们记得我们的东西。是否值钱无关紧要。礼物也是爱的视觉象征。它可以是买来的、自制的或是找到的。礼物是一件提醒对方"我还爱着你"的东西，这是最容易学习的爱的语言之一。除了金钱或者手工带来的礼物外，我们还有一种无形的礼物，那就是我们自己。我们也可以把自己当作一个礼物，或者是以"陪伴"作为礼物去陪伴你的伴侣。

爱语四：服务的行动

服务的行动这是指做配偶想要你做的事，你替他/她服务，替他/她做事，因而使他/她高兴，表示对他/她的爱。当男女热恋时，为对方服务是自愿的，为你准备早餐，为你清理衣服上的污点，为你倒垃圾，为你费尽心机。恰恰就是这些小小的服务行动，逐渐累积起了爱。要学习服务的行动，需要克服我们的一些刻板印象，比如觉得男生不应该洗衣服、做饭、拖地，甚至不应该给小孩换尿布；女生不应该换灯泡、修车等。如果你的另一半的爱语是服务的行动，那你可能就需要考虑，如果保留自己的刻板印象可能会得不到爱情，但是如果能够满足伴侣的情感需要，会受益无穷。

爱语五：身体的接触

身体的接触是沟通情感的一种方式，在儿童的发展过程中，很多实验都说明了身体抚触对于孩童成长的重要性。身体接触同时也是表达爱的有力工具。牵手、亲吻、拥抱以及性爱活动，都是与爱人沟通爱的方式。身体的接触可以建立关系，当然也可以破坏关系，比如巴掌打在脸上对一些人的伤害可能是毁灭性的。

这五种爱语并不是我们控制对方的手段，我们不能用这些投其所好然后支配对方来替我们做事。爱的目的不是得到你想要的，而是让你爱的人幸福。如果你并不清楚对方的爱语是什么，可以去逐一尝试，直到你们都最终确定对方的爱语是什么。用对了爱语，你们就可以一直在爱的银行中"存款"，爱情才能够持续经营。

情到浓时的选择

我们仍旧通过一个案例作以分析，刚刚上大二的琦琦，从外省来求学，在本地没什么朋友，只认识宿舍和班级中的一些人，在参加学校的社团活动时，认识了一个本地人——经管系的男生思伟。思伟被琦琦的美貌、文静所吸引，开始在日常生活中有意无意地接近她，再到疯狂的追求。琦琦对思伟的印象也不错，没有多久，两个人就确立了恋爱关系。

热恋期间的两个人每天如胶似漆，只要不是上课时间，都黏在一起，一起吃饭，一起自习，一起泡图书馆。很快一个学期结束了，琦琦决定晚两天回老家，因为想和思伟再玩几天，思伟也很开心。一天，思伟陪着琦琦在城里到处转，吃一些当地的小吃，看一些风土人情，愉快的一天就这样接近尾声。夜幕降临，琦琦准备坐公交车回学校，可是思伟却说"不要回去了吧，学校那么远，我家里就是开民宿的，我们可以去我家的民宿住一晚上，明天我陪你回去收拾行李，送你去车站"。琦琦开始的时候有一些犹豫，觉得这样不妥，但是觉得思伟说得也对，而且逛了一天自己也很累了，确实不想长途跋涉回学校。于是就点头答应了。

思伟确实带着琦琦来到了自己家开的民宿，跟前台的服务员要了一个单间。来到了狭小的房间内，琦琦突然觉得有一些局促和不安。尽管两个人经过一个学期的恋爱，比较亲密，但是学校里没有这样私密和狭小的空间，他们也只是拉拉手、搂搂抱抱、接吻过。这样共同进入一个密闭的狭小的空间内，还是头一次。两个人都不自觉地紧张起来，不知道该怎么办。

还是思伟先冷静下来，说"你也累了，咱们休息吧"，琦琦有点儿机械地回了声"哦"。接下来，在思伟的强烈要求、在琦琦的半推半就下，两个人发生了性关系。

我想所有的恋爱关系总有一天会面临这样的一个时刻，是更进一步还是继续等待？在一项关于婚前性行为的调查中，大多数大学生，实际上大约有四分之三的人都曾有过随意的性关系。大学生和恋人开始发生性行为时，只有一半的人会始终坚持使用避孕套，而在社会上这个比例更小。无论是校园中，还是网络上，都可以看到很多不安全性行为危害的宣传，甚至街边都会有免费的避孕套可以领取，那又是为什么让平时看起来理性的人们，倾向于做出危险的性行为呢？这里面可能有这样几种原因。

一是他们明显地低估了风险。据数据报告，和感染了 HIV 也就是会携带艾滋病病毒的人发生关系的感染概率是 0.2%。大部分人也许觉得这个概率比较低，但是如果持续发生性关系的话，概率可是会持续攀升的，即感染的概率会非常高。

二是与第一点相联系的一种认知偏差叫作特殊安全错觉。也就是我们都会认为不幸的事情通常都不会发生在自己身上，往往都是发生在别人的身上。而可怕的是持有这种观念的人，会更倾向于发生危险的性行为，也许是真的"相信"自己不会那么倒霉，也许是为了"验证"自己不会那么倒霉，总之不管他们内心说服自己的理由是什么，有这样错觉的人更倾向于不做任何的保护措施发生性行为。

三是决策的错误，专业的说法解释就是当性唤醒之后，个人的理性头脑思考能力减弱，思考和加工信息的能力降低，导致决策的错误，头脑发热改变主意。尤其是在醉酒之后，这种决策的能力又再一次下降。类似的情节我们可以在很多的影视剧中看到。

案例中的当事人，发生的事情并不狗血，两个人亲密的恋爱关系一直持续了两年之久。临近毕业之际，两个人开始思考未来的选择，琦琦因为不适应学校当地的风土人情希望能够回老家找工作；思伟也不想离开自己的家乡，因为学的经济管理，觉得在自己的家乡创业更有底气。双方经过多次的商量后和平分手，结束了这一场只留在大学的美好。

到底应不应该发生婚前性行为呢？

我们在前文已经罗列了风险性行为的疾病后果，艾滋或者性病，同时也有怀孕的风险。性作为人类的一种本能，是很难回避或者压抑的，尤其是大学生，青春年少，精力充沛，有性冲动和性欲望都是正常现象。

其实在当前大学阶段，发生婚前性行为可能已经不是一件讳莫如深的事情，究竟是否应该发生婚前性行为我想也是没有标准答案的，这由个人的价值观，所在的家庭、社会、文化环境等多种因素决定。发生有发生的理由，不发生也有不发生的理由。重要的是每一个准备要发生性接触的人，都需要具备足够的性方面的知识和安全意识。做到最大可能性的自我保护，不做可能让自己未来后悔的决定。

处女情结是怎么回事？

受到传统文化的影响，中国人对于女性的贞洁都是比较看重的。尽管在东西方文化碰撞交流的今天，很多人也受到了"性开放"观念的影响，但是我们也仍旧能够在很多的媒体、影视作品上看到与此有关的一些讨论。

在2008年的一项针对网民的处女情结的调查中发现，处女情结是传统贞操观双重标准的一部分。双重标准体现在男性的婚前性行为通常被自身、社会等所宽容默许，相反女性则要受到贬低和侮辱；还有男性对女性的婚前性行为进行批判，但却要求自己享有一定的婚前性行为的权利。这既是传统文化中的一些原则，也是性别权利的一种表现，同时也来源于当前社会的整体结构。在生物学上，雄性动物也会有处女情结，它主要是从繁衍后代的角度去思考，要考虑的是这个雌性动物传递下去的是否是它的优秀基因。在人类社会中男性在生物本能层面可能也会做如是的思考。同时文化也会影响到女性在性这件事情上持有"纯洁贞洁"的价值观点。我们只能够把它看作是当前社会中的一种现象，你也许赞同，也许拒斥。

从本能、文化的层面来看，在性这件事情上对于女性的要求都稍显苛刻，这就更要求女性要在性关系中学会保护自己，认识到性行为本身是一件突破界限的事情，认识到这件事情对自己的长远影响。我们受现代文明的教化，需要遵守一些道德行为准则。

分手的痛

据说每个人的一生中，都必然会有分手的经历。那么如何应对分手，想必就是每个人都需要学会的一个本领了。由图3-3可知，不管学历如何，似乎每个人谈恋爱的次数至少为3次。那么分手的经历也必然有2次。

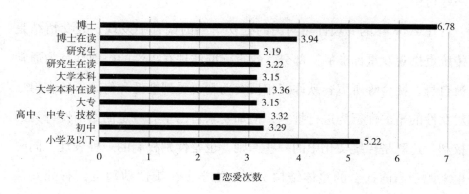

图 3-3　不同学历人群平均恋爱次数

来源：《2015 年中国人婚恋状况调查报告》。

　　我们再来看下研究者关于分手的一些研究。研究者曾经通过实验，探究分手带来的爱慕、痛苦、愤怒和宽慰四种情绪反应（Sbarra & Emery，2015）。研究发现在分手两周之后，我们对前任的爱慕和愤怒逐渐地减少，痛苦明显地衰退，失恋的人在逐渐地适应新的生活。一个月之后，对前任的爱更少了，我们的勇气和力量正在逐渐恢复。看来对于大多数人来说，失恋、分手所带来的伤痛可以在一个月左右消除。似乎这个时间听起来并不是很漫长，又或者会让人觉得实验者似乎在轻描淡写分手的伤痛，那么我们接下来看看另外一个实验。

　　来自美国哥伦比亚大学的心理学家爱德华·史密斯，把40个近半年内刚分手的人请来做核磁共振实验。实验过程中要求他们一边看前任的照片，一边在脑子里不停回想："你前任是怎么和你提分手的？你们分手的场景是怎样的？"同时，通过核磁共振机，扫描被试的脑活动影像。根据心理学家的研究结果发现：当人们在想起前任、想起分手和上一段感情的时候，大脑中被激活的部位，和当人们身体感受到疼痛时大脑中活跃的部位，是重合的！通俗地讲就是分手时候我们所谓的心痛，是一种确定的、实在的痛，和我们的身体碰到了桌角、摔伤了膝盖、割破了手的那种疼痛是一致的。

　　以上的两个实验，一个证明了分手的疼痛是真的痛，一个说明了其实大多数人分手后在一个不太长的时间内都可以恢复过来。也许可能因为分手的疼痛那么真实，我们才会有一种刻骨铭心的感觉，才会觉得分手是一件很难走出来的事情。

　　大多数情侣的分手通常都会经历一段时间的反复、思考、纠结、来回拉锯。很多人体会到伤痛也不一定是从说出分手的那一刻开始，可能更多的是在分手前期的那些来回拉锯、反复思考、权衡付出、期待改善和最终绝望的过程中。但是上面的两个实验可以给所有的失恋者一个启发，那就是不要试图否定或者回避自己因为分手而体验到的痛苦，痛苦是真实的；同时也告诉我们这种痛苦终会过去的。

情感吸血鬼

爱情是有不同层次的，最底层的爱是掠夺的爱。在最底层的爱情里，必然存在着一方剥削另一方情感的情况。就像是一个情感吸血鬼，以对方的情感为食。这类人会通过剥夺、控制、贬低来吸食对方的情感能量。他们的行为模式可能包括：心理变态、自恋、边缘型人格或反社会的行为倾向。

在开始的时候，这些情感吸血鬼会非常支持你的目标，非常能够理解你，在逐渐了解和关系深入的过程中，你会开始慢慢地因为这种理解和支持而更相信对方、接纳对方，认为你终于找到了一个能够接纳你一切的人。然后开始放松下来，直到有一天，他们开始批评你，并利用对你的深入了解，诋毁你周围那些带给你改变、梦想和激情的人。因为他们必须要控制住你才能获得自己内心的安全感和情感需求，为了这个需求，他们不惜孤立你、控制你，只为了你不会离开。

真的有人如此邪恶吗？这些吸食别人情感资源的人他们是故意的吗？无论是否故意，至少这部分人是真的需要这样的情感资源，他们希望能够控制一个人来让自己获得支持，来满足自己的自恋。这样的情感吸血鬼不仅存在于两性关系中，在同性关系、亲子关系中也都可能存在。在不断地重复吸食中，他们榨取着对方的情感资源来不断地补充自己内心的缺失。这样的榨取，会让对方变得越来越与环境隔离。

那么反过来通常什么样的人会成为情感吸血鬼的目标呢？答案是高敏感者、高共情者。这些人具有一种共情他人、理解他人的能力，有一种本能性的高度敏感。这是一种天赋，却也是一种"诅咒"，这种敏感可以让你快速地感受到身边人的深层次的痛苦，却也很容易让你吸收了这些痛苦。你会因为看到了情感吸血鬼内心深处的痛苦而同情他、关心他，且试图拯救他，这恰恰就会让你深深地陷入这段关系里。

面对生活中的情感吸血鬼，最优的办法就是远离他们。对高共情者而言，真正鼓起勇气远离他们还需要内心的调整和成长，首先要做的是"专注于自己"。对于高共情者来说，需要时刻有这样的意识，把自己放在第一位。相信自己是值得被爱的，像善待别人一样，去善待自己。这个说起来很容易，但对于高共情者来说可能会很困难，这个过程肯定会伴随很多的内疚、羞耻，但这是突围的最优办法。

其次是建立边界，坚持自己的边界，自己的地盘自己说了算。如果你的生活中有这样一些让你不舒服，总是让你感觉到侮辱、压抑或者愤怒的人，那就远离他们。

最后要学会面对自己内心的空虚。为什么高共情者和情感吸血鬼的关系会非常难以打破，因为高共情者总是试图在关系中拯救、温暖、滋养对方，给予情感吸血鬼关注与爱。如果抽离出来看，你会发现这种拯救、这些关心，其实也是高共情者自己内心的渴望。当没有人要去拯救关心的时候，高共情者就需要直面自己内心的空虚，关心自己、照顾自己的需求，唯有如此才能够真正地成长，才能够在下次躲开情感吸血鬼的招数套路，找到自己的幸福。

第四章

做情绪管理大师

《说文解字》关于情的解释为："情，人之阴气有欲者也。从心，青声。"白话文翻译大概是：情，内心有所欲求的隐性动力。《说文解字》关于绪的解释为："绪，丝耑也。从糸，者声。"白话文翻译：绪，丝线的线头。情绪大概就表示我们内心繁杂的欲求所产生的诸多隐形动力。

认识我们的情绪

所有的情绪在本质上都是某种行动的驱动力，即进化过程赋予人类处理各种状况的即时计划。情绪（emotion）英语来源于拉丁语 motere，意为行动、移动，加上前缀 e 含有"移动起来"的意思，这说明每一种情绪都隐含着某种行动的倾向。情绪导致行动，这在动物和儿童身上表现得最为明显。在广义的动物世界中，只有在"受教化"的成年人身上，才会经常出现情绪与反应存在很大偏差的现象。

结合英语和汉字的表征，情绪确实可以理解为因为内心欲求而产生行动的开始。在现代心理学中，对情绪的标准化定义为：情绪，是对一系列主观认知经验的通称，是多种感觉、思想和行为综合产生的心理和生理状态。以上，我们可以判断出，人的情绪会引起生理的反应，还可以调动身体体能开始行动。

人类有多少种情绪？

在中国古代我们认为人的基本情绪有 7 种：喜、怒、忧、思、悲、恐、惊。美国心理学家如克雷奇、克拉奇菲尔德和利维森等人把情绪分作四类原始情绪：快乐、愤怒、恐惧、悲哀。如果再进一步细分，快乐或者悲伤的情绪仍旧有强度上的差异，比如悲伤有悲恸、难过、忧伤、忧愁；快乐也有狂喜、兴奋、高兴、开心。情绪就像是一个光谱一样，有性质上的差异，也有程度上的差异，谱系上的任意一点都是一种内心的情绪感受。究竟有多少种情绪，我想可能更在于我们可以命名出多少种情绪。

情绪的作用

情绪在某种程度上也算作是人类的一种本能，在语言符号系统还没有发展出来的时候，就需要情绪、表情、肢体语言等相互传达含义。当有食物的时候，我们表示出手舞足蹈、开心的状态；当有外敌入侵的时候我们表现出怒发冲冠、握紧拳头的愤怒姿态，准备捍卫自己的地盘；当受伤的时候，我们表现出弱小、痛苦、难过、悲伤的样子，以引来同伴的关心；当面对未知不定的大自然的时候，恐惧让部落聚集在一起，让个人更加小心谨慎。无论是我们所谓的积极情绪还是消极情绪对于每一个人的成长都是必需的。我们无法像洗掉鞋子上的尘土一样无法消灭掉消极情绪。

比如说愤怒的情绪表达可以让对方知道我们的界限、底线在哪里；悲伤的情绪表达会帮助我们吸引周围人的帮助；恐惧的情绪表达可以让群体快速地了解到危险，可以保持个体的生存，规避风险，劝导自己及时地刹车；开心、高兴的情绪具有很大的感染力，可以影响到周围的人，起到传播的作用。每种情绪的存在和被命名都表示了这种情绪的背后对于人类的生存和发展具有一些不可或缺的作用，这也就是一种情绪，哪怕它不够好却仍然在进化中被保留下来的原因。因为管理我们情绪的大脑区域属于原始大脑的部分，所以情绪相对于我们的思维来说更加的原始，也可能会更加的无序、混乱、难以管理，不符合逻辑。也许是因为这样的原因吧，现代社会中理性的人们才会对于情绪避而远之。

认清你的情绪

在与笔者的来访者工作的过程中，笔者发现很多的来访者都很难去表述出自己当前的情绪状态。"我不知道我怎么了，就是觉得很难受""我就是觉得很心慌，其他的没什么""我不知道我什么情绪""我没什么感觉，麻木了"……往往到这种时候，来访者就会停在那里了，因为他搞不清楚自己怎么了，所以也就没有了要对付这个状态的办法。对待情绪我想最最基础的是我们可以把自己的情绪命名并表达出来。我们需要知道自己怎么了。

我们通过以下六个步骤来认清自己的情绪状态

（1）发生了什么事？（这仅仅是一个事实的描述，没有任何的结论）

（2）你认为为什么会出现这种状况？（这里面就包含了个人对于这个事件的评论）

（3）对这种状况你有什么感觉？（包括生理的和心理的）

（4）基于你的感受，你准备做些什么？

（5）你曾经说过或做过什么？

（6）你的情绪和行为对你造成过什么样的影响？

通过这六个问题的追问，将我们压迫性情绪状态下产生的自动化、情绪化的行为完成了自我分析，分析之后我们就会非常有体会，明白自己当前正在经历什么。如果我们可以准备一个小本子，用这样重复的方式去记录自己的每一次情绪的发生发展，那么逐渐就会对自己的情绪状态有更多的认识。

情绪习惯

习惯，亦作"习贯"。原谓习于旧贯，后指逐渐养成而不易改变的行为。《大戴礼记·保傅》："少成若性，习贯之为常。""习"字本意为形容小鸟反复数次试飞行的样子，所以繁体字的"習"上面为羽毛的羽。习惯就是反复重复成自然的一种行为。反复重复到这种行为动作已经进入人的无意识中，人会自动地或者下意识地做出这样的行为。

以笔者自己为例，每天早上开车上班，笔者对于上班的路线可以说已经十分清楚了，根本不需要再消耗精力去选择，这已经是笔者的一个习惯了。然而有一段时间，途中因为施工经常造成道路的拥堵。自己本想重新规划一条道路行驶，却发现很多次还是会不自觉地走到拥堵的路上。这就是习惯的力量，它已经成为一种下意识的肌肉动作。例如，有吸烟习惯的人，会很明白戒烟的困难性。习惯本身具有非常强大的影响力，例如，喜欢吃辣椒的人，虽然知道吃太辣对身体不好，却总是忍不住辣椒的诱惑，不能接受清淡的饮食。当然这些仅仅是现实生活中的其中一个方面，大家可以试想一下，如果这种模式不仅出现在你的行为方面，还出现在你的情绪状态中会是如何？

习惯都不陌生，情绪也不陌生，两个词放在一起是什么意思呢？情绪不是一种心理生理反应吗？情绪也会有习惯吗？答案是确定的，我们的情绪也会有一个自己的习惯，有的人习惯导向抑郁，有的人习惯导向焦虑，有的人习惯导向喜悦。行为上的习惯具有强大的影响力，影响人们的行为，那么情绪的习惯呢？如果我们的情绪也会在自己的身上成为习惯，想要改变也会是非常困难的事情吗？

笔者有一个来访者提供了一个非常生动的例子。小时候，父母工作很忙，弄了一个小吃摊，每天早出晚归。上学后他每天放学的时候都很期望回到家，能像别人家孩子那样，父母在家里做好饭，一家人其乐融融地吃饭、聊天。他内心一面渴望着这样的画面，一面又觉得自己就是得不到这样的温馨场面，继而失落。慢慢地这种渴望而又得不到的失落感成了他内心的一种情绪习惯，一面向往一面又因得不到而失落，只有失落感才是他熟悉的感觉。这样的习惯从小时候一直持续到高中，爸妈生意进入正轨，妈妈就退了下来换了一份轻松的工作，照顾他高考。天天回家都有人给他做饭，曾经梦想的日子实现了，可是他却觉得浑身不舒服。觉得不习惯，开始变得不想在家里待着，因为他可以不再失落了。

看完这个小故事，你可能会觉得人啊，就是这样的矛盾。哪怕是让自己痛苦的一个习惯，但是当我们发现自己的习惯被改变的时候，我们还是无法适应。

很多的临床心理医生也在无数的抑郁症病人的临床治疗过程中发现，抑郁也是一种习惯。有抑郁症的人可能并不是他有多么糟糕的人生经历，有多么大的人生挫折，而几乎所有患有抑郁症的人都有一种消极导向的情绪习惯。在他们的潜意识或者意识里，任何一件事情的发生无论结果如果、过程怎样，都可以在他们的头脑中计算出相同的消极结果。而走出抑郁，反过来说就是走出这种惯常的抑郁习惯。

以行为习惯的塑造和改变来说，改变旧习惯、形成新习惯不是一件容易的事情，就比如戒烟、减肥、戒酒这些都深有体会。要不大家也不会认为如果一个男人能够戒烟，那么这个男人是很可怕的，可见习惯的改变是多么困难和需要毅力的。在情绪上，习惯的改变更是如此，甚至比行为上的改变还要再困难一层，因为情绪上的习惯还有很多无意识部分的参与，还有很大的一部分是没有被头脑所意识到的。情绪上习惯的改变，除非我们去调整去看清自己的无意识重复，否则，类似的重复仍旧会不断地上演。

也许你曾经看到过书店里会有一类书是关于"21天改变一个坏习惯""90天建立一个好习惯"方面的，似乎这是一个神奇的数字。但实际上可能并没有如此简单，不同的习惯会需要不同的时间去改变和塑造。事实上越是我们早期形成和建立的习惯，越难以改变。比如你小时候养成的睡觉习惯是抱着一个娃娃，也许等到你成年之后都会继续保持，只不过改成抱枕；小时候对某个东西的害怕，比如狗，可以延续到成年，甚至老年。我们在这里所提到的习惯，没有任何的褒义和贬义，这是一个中性的词汇，有人有抑郁的习惯，相反有的人也会有快乐的习惯。在我们每天的日常活动中，有着几乎90%以上的活动都是习惯或者惯常的固定程度。我们大多数时候都是无意识控制下的自动行动。

事实上，你也完全可以有意识地去控制和选择自己的习惯，但是大多数人其实都没有深入去思考过这个问题，每天都在无意识地重复。什么叫作有目的的生活，有意义的生活？如果从习惯的角度来说，那就是我们要有意识地去构建、更新自己的日常行为方式，有目的地建立自己的行为习惯系统。我们首先需要做的一步是认识到自己的情绪。我们需要知道并且能够做到总结和回顾自己在一段时间内所产生的情绪状态，在这样的过程中才能够逐渐地意识到自己的情绪习惯。你是经常消极悲观吗？你是经常自我贬低吗？你是经常积极改变吗？你是经常迎难而上吗？这些都需要我们的第一步去总结和发现。

然后就是即刻行动。它指的是一想到就开始行动。一想到自己又走在了原来的老路上，就开始尝试去做一些不一样的事情。我并不推荐大家为这个事情去做个如何周密详尽的计划，你只要做到一想到就改变就可以了。只要开始就改变一点点，就已经打破了惯常的情绪习惯。比如，你意识到自己又开始导向"我总也成功不了"的情绪习惯时，就停下来，出去走走，做做家务，找人聊聊天，健健身……万一某一次你没有意识到又走到老路上也没有关系，不用自责，这就需要下面的这个能力了。

那就是坚持。唐朝诗人韦应物的一句诗词是这样说的"石上凿井欲到水，惰心一起中路止"。在石头上凿井本来马上就要取到泉水了，这个时候一懒惰，就停止了，哪怕下一秒就能够取到泉水。所以坚持是我们最终能够修正自己情绪习惯的制胜关键。在坚持的道路上我们有这样一个特点，就是在最开始的时候难以坚持，当我们能够坚持到第7天（次），或第14天（次）的时候，一切就会变得容易起来。所以在我们开始准备长期坚持做一件事情的时候，在最开始的时候准备一些适当的奖励将会有助于我们保持这项行为，获得最后的成功。

　　总结一下，首先我们每个人都会有自己的一个情绪习惯，我们首先需要意识到，且总结出来自己的情绪习惯是怎样的。如果这个情绪习惯对于你的生活并没有起到帮助性的作用，那么这个时候就是需要改变的时候了。你可以去寻找一个心理咨询师、一个老师、一个朋友从第三者的角度帮助你看到自己的情绪习惯，也可以自己找个笔记本开始自我反思和记录。最终在了解到了自己的情绪习惯之后，尝试开始去修正它，这个修正只需要一次一点点的改变即可，哪怕反复也不要气馁。这个每次一点点的变化，同样会给情绪体验带来不一样的变化，如果你善于总结和奖赏自己，这种原先无帮助的，或者过时的情绪习惯也会慢慢改变。

大禹治水的智慧

　　洪水滔天，鲧窃帝之息壤以埋洪水，不待帝命。帝令祝融杀鲧于羽郊。鲧复生禹，帝乃命禹卒布土以定九州。禹娶涂山氏女，不以私害公，自辛至甲四日，复往治水。禹治洪水，通轘辕山，化为熊。谓涂山氏曰："欲饷，闻鼓声乃来。"禹跳石，误中鼓，涂山氏往，见禹方坐熊，惭而去。至嵩高山下，化为石，方生启。禹曰："归我子！"石破北方而启生。

——《山海经·海内经》

大禹治水采用的是和他父亲鲧不同的截堵方法，即用了疏泄之法，疏通水道，让洪水能够顺利地流入东海，以此完成了九州大地的治水壮举。大禹治水的思路也同样可以迁移到我们对于情绪的管理上。

情绪是我们的生理本能，在人类漫长的进化史中，情绪并没有被进化所淘汰，无论是积极的还是消极的情绪。观察下我们身边的宠物猫、宠物狗，它们较少有严重的心理问题，因为它们可以直接去表达自己的情绪。愤怒了，就狠狠地咬；喜欢了，就轻轻地逗；害怕了，就钻到床底下；悲伤了，也会去要求搂搂抱抱。反观人类，我们对待情绪就做不到这么直接，当然我们有社会、文化的制约，让我们相比动物需要有更多的管理，部分的社会文化也会要求个人表达出适合的情绪，而不接纳另外的某些情绪。作为一个社会人，我们必须去适应这个部分，但同时我们也需要学会在社会允许的情况下宣泄情绪。

情绪的宣泄通常可以有这样的一些手段，比如听音乐、唱歌、喊山、跑步等这样直接的方式，也可以有一些更升华的方式，比如绘画、创作、写日记等等。重要的是在合适的时机用合适的方法，用合适的强度宣泄释放自己的情绪。

笔者会用一锅烧开了的水去形容人情绪饱满时刻的状态，当你有太多的愤怒、悲伤、委屈，甚至是高兴的时候，那个状态就像你身体这锅水被烧开了。在现实生活中，当这个情况发生的时候，你会试图用锅盖去把它盖住吗？笔者想大多数人都是不会这样选择的，可是如果这个类似的情况发生在情绪心理世界里，大多数人却会选择去盖住它，憋起来。这样的结果会是什么呢？锅爆炸，憋不住了崩溃了；或者没有爆炸一直憋着，这股能量逐渐地凝结凝聚，聚集成了一个实在的东西就可能会通过身体的症状和疾病表现出来。那对待一锅开水的适当做法是什么？可能不同的人会有不同的选择，比如你当然可以倒出来一些，宣泄掉一部分情绪；也可以把锅拿下来，转移注意力换个环境；当然治本的办法就是关火，去升级让你产生这股能量的信念系统。对应上面的这三种办法，笔者把它们分别称之为：宣泄法、转移法和改造法。

宣泄法

我们选择倒掉一部分开水，这样烧开冒出的水蒸气就不会冲破壶盖，让我们崩溃。具体的方法有很多，把情绪写出来、喊出来、哭出来，找人说出来，找不同的渠道发泄出来，总之把这些情绪倒出来。这个是很多人都会想到的办法，但是却是很多人做不到的办法。笔者的很多来访者会觉得把自己的负面情绪倒出来会"污染环境"，会影响到自己周围的朋友，让他们越来越疏远自己，让他们也传染到不好的情绪体验，似乎是不道德的，他们更加愿意自己扛着、自己疏导、自己解决。那也许你适合第二种方法。

转移法

我们把水壶拿下来，远离能够让自己沸腾的火源。我们出去旅行，从环境中出走、离开，不与太多人建立深入的关系，我们逃到学习中，逃到游戏中，让自己忙起来等等。我们也可以用一些小技巧，让自己远离火源的影响，比如下面这个：逆情绪而为。

通常情况下，我们产生了某种情绪就会伴随着与这种情绪相适应的外在行为，悲伤会哭泣，愤怒会攻击。逆情绪而为是指在我们体会到非常强烈的情绪，而这种情绪的爆发可能会影响到我们的关系或伤害自己或他人的时候，我们可以通过去做与这类情绪相反的一些行为去暂时地减轻这种压迫性情绪对自己的影响。这并不是指我们忽视、不承认或者憋着这种情绪，而是一种调节，帮助我们去平衡情绪状态。

表 4-1　不同情绪导致的行为和逆情绪行为

情绪	情绪导致的行为	逆情绪行为
气恼	攻击、责备、叫骂	轻言细语，分散注意力
害怕	逃避，耸起双肩	挺起胸膛
悲哀	逃避、垂头丧气、消沉、封闭	积极、参与、定目标、挺直站立
内疚/羞愧	惩罚自己、封闭、逃避	补偿，继续做

你需要全力以赴去做表 4-1 所示的这些逆情绪行为，才能够真正去平复自己的情绪，并且需要指定一个期限，我们用这种方法仅仅需要去平复自己当前的压迫性情绪，而并不是让它成为自己的一套新的行为模式或防御手段或者是面具。

改造法

改造法是相比其他几种方法较为根本的办法，我们去熄灭引起水烧开的火源。这需要升级改造我们本身的观念。举个例子，在某次会议过程中，有人不小心误拿了你的水杯，喝了一口水，你会做何感想？有什么样的情绪产生呢？

A 先生：这个人简直可恶至极——产生愤怒的情绪。

B 先生：这个人总是毛手毛脚傻兮兮的——可能会有嘲弄、可笑的意味。

C 先生：我应该给自己的杯子写上名字的——产生自责的情绪。

…………

我们只罗列 3 个人，就会发现他们对这一个行为反应有如此不同的情绪体验。改造法就意味着去升级我们内在的这些观念，来修正我们的情绪和习惯。在辩证行为疗法中有这样三个主要的技巧，我们可以参考。

1. 减少你的认知弱点

我们的头脑中有一种十分有趣的思想，名字叫作"触发思想"，它指的是一系列能够触发和导致情绪痛苦的思想或念头。比如"我是个白痴""我什么事情都做不好""没有人会喜欢我""所有人都会抛下我""我无法相信任何人""我就不应该得到幸福、爱、成功……"等等。这些触发思想来源于我们的成长经历，当我们还是孩子的时候，有些想法来源于家长、教师或长辈的批评。这些触发思想都是导向自我批评的，它是用来侮辱我们、让自己生活痛苦的，但我们却无法放弃，当然是在无意识的情况下无法放弃。那么你的"触发思想"是什么呢？

当我们对自己的底层情绪和思维观念有足够的意识的时候，对于这样的触发思想还是有很多方法去应对的，比如用和它相反的应对思想去辩论和安慰自己，"人无完人，错误总是难免的""阳光总在风雨后，困难总会过去的""我已经长大了，有足够的能力处理发生在我身上的事情""感觉到害怕、难过也没关系""那又怎样""我以前遇到过类似的情境，我能撑过去这次也可以""这是一个机会，让我学习如何应对我的焦虑"……

可以用辩论的方法去帮助自己纠正内心的自我批评，形成平衡的想法，为你心中认为的那个观念提出正反两方面的观点和证据。

如"我是一个很差劲的人"支持证据：我没有处理好和同事的关系；反对证据：我去年年终奖拿了第一名……并且可以这样一直不断地列举下去。

2. 增强你的正面情绪

哪怕是一个开心乐观的人也不可能永远都处于开心的状态下，只是他感受到开心的比例多过不开心，所以其实关键不在于我们要去抵消、对抗、消除我们的消极情绪，而是应该去有意识地增强生活中开心的比例。笔者在上课的时候，每次都会给学生布置一个很简单的作业"写下你今天遇到的 3 件开心的小事"。这个作业很容易，同学们可以很快地写出来，写出来之后很多同学也会看着自己的字哈哈大笑，觉得自己怎么这么傻，这么容易知足，或者自己的笑点居然这么奇怪。每次在查看同学们这个作业的时候，笔者也会感觉到非常开心。这就是其中的一个增强你正面情绪的小技巧，用一个本子去记录每天 3 件让你觉得开心的小事情。人类是一个矛盾体，我们的头脑中，悲伤、焦虑和害怕的事情和情绪总是会挥之不去，而快乐的事情总是会稍纵即逝，这可能是我们头脑的一个习惯。所以我们需要让自己记住这些快乐的事。

3. 不带评判地关注你的情绪

情绪是如何产生的？我们的认知评价其实是产生不同情绪的根本原因。如果我们可以升级自己的处理系统，用更加多样化的评价系统去处理情绪，那么就可能导出更加灵活的结果；还有一个办法就是去掉评价，去关注事实，尤其是让自己产生了某种情绪的评价。

举个例子：小明很害怕上台演讲，但是老师偏偏就喜欢用小组展示的方式教学。这一次最终还是轮到小明需要站在讲台上去展示自己小组的分组学习成果，害怕上台演讲的他非常紧张，临上台前他心里想"我最害怕演讲了，还非要我上，你看我现在好紧张""千万别忘词，不要紧张，深呼吸……"然而上台之后，大脑一片空白，且发言语无伦次，有的时候笨拙的姿态让下面的同学嬉笑不止，小明于是更加无措和拘谨，生怕自己再出错，但结果却不尽如人意。终于结束了演讲的酷刑，老师给小明这一组的分数最低，虽然小组同学都没有说什么，但是小明觉得非常愧疚自责，他心里想"我确实没办法上台演讲，太可怕了"。

下面我们去对比一下如何评价自己的情绪，如何接纳自己的情绪。

另一个例子：小明很害怕上台演讲，但是老师偏偏就喜欢用小组展示的方式教学。这一次最终还是轮到小明需要站在讲台上去展示自己小组的分组学习成果，害怕上台演讲的他非常紧张，临上台前他心里想"我开始紧张了，有点儿害怕，好吧，只能这样上去了"；上台之后，确实如小明所想，紧张到大脑一片空白，且发言语无伦次，有的时候笨拙的姿态让下面的同学嬉笑不止，小明想"好害羞呀！我现在肯定是满脸通红"，于是他变得更加小心，生怕自己再出错，但结果却不尽如人意。终于结束了演讲的酷刑，老师给小明这一组的分数最低，虽然小组同学都没有说什么，但是小明觉得非常愧疚自责，他心里想"这次没有表现好，我一上台就会紧张，一紧张我就忘了词了，下次能不能找个办法让我不紧张"。

一种是带着评价，一种是不带评价的承认自己的情绪。哪一种更有建设性呢？后一种不带评价的场景结果并没有让小明放弃尝试的可能性。

再看一个表格（表4-2）。

表4-2 不同事实可能对应的评价

事实	评价
今天小明穿了一件黄色的衣服	今天小明好难看（真帅）
小明的袜子放在水盆里已经两天没有洗了	小明不注意个人卫生
小明在打游戏	小明天天打游戏
小明这次考试数学没有及格	小明数学不好
小明正在哭	哭哭啼啼的哪里像个男孩子

通过上面表格里的对比，我们会发现通常评价让人难过而事实变得比较好接受。评价无论是善意的、无意的或者有意的，都会对听者产生一些影响和限制，而只有忠于事实才能够让当事人安全地表露和处理情绪。自己对自己何尝不是这样呢？我们也总是会去评价自己，不能有这样的情绪，不应该这样，不可以那样……如果我们可以用不带评价的方

式去拥抱自己的情绪，会不会更好呢？上面的两个小明，一个在产生情绪的时候，还在评价自己；一个仅仅是接纳自己表现出来的情绪状态，尽管成绩都不理想，但是第二个小明的内心有较少的冲突，当有下一次类似情境的时候，小明可能还会愿意尝试并有所改变。

仍旧用小明的例子，我们再来看第 3 个例子：小明很害怕上台演讲，但是老师偏偏就喜欢用小组展示的方式教学。这一次最终还是轮到小明需要站在讲台上去展示自己小组的分组学习成果，害怕上台演讲的他非常紧张，临上台前他心里想"我现在开始有点儿颤抖，有点儿冒汗，手有点儿凉，现在所有的这些状态表示，我处于一种兴奋的状态，所有的身体机能都开始做好了要战斗的准备"。小明上台之后，像一个战士一样，不管老师的眼神、同学们的嬉笑，只想着快点儿打完这场仗。终于结束了演讲的战役，老师给小明这一组的分数最低，虽然小组同学都没有说什么，但是小明觉得我已经尽力了，他心里想"这次没有表现好，看来老师对于我准备的内容还不够满意，下次我需要再加把劲儿"。

第 3 个例子又说明了什么呢？第 3 个小明把上台前的紧张表现解释为兴奋，表示"我已经做好了战斗准备"。就是这一点点微弱的不同让小明之后变得不一样了。所以你看，观念的改变有多么强大的力量！

不得不提的抑郁症

《健康中国行动（2019—2030 年）》文件中提到，当前我国常见精神障碍和心理行为问题人数逐年增多，个人极端情绪引发的恶性案（事）件时有发生。我国抑郁症患病率达到2.1%，焦虑障碍患病率达4.98%。截至2017年年底，全国已登记在册的严重精神障碍患者581万人。关于抑郁症的另一项调研反映，近半数以上的人当感觉到抑郁、心情烦躁的时候选择自己扛着。

这种现象不仅在国内，在国外也存在，所不同的是国人选择硬抗，而国外一些地方的人则喜欢去吃药。心理咨询对于抑郁症的治疗作用以及预防复发的作用被大多数人忽视。

在心理咨询的临床实证研究中非常明确地验证了心理咨询在抑郁症的康复和复发上的疗效。但是为什么仍旧有大多数人并不会去选择做心理咨询呢？笔者想可能会有以下四种原因。

一是抑郁情绪下的自我否定和兴趣丧失导致个体不想去做一些新的尝试，把自己封闭起来哭一哭、躺一躺，或者拿点儿药吃是一件更容易完成的事情。

二是心理咨询需要持续一段时间，往往是接近结束的阶段才会呈现效果，尽管其效果可以在咨询结束后持续很多年，但是前面漫长的黑暗期非常容易让人放弃，尤其是抑郁症的人群。

三是在中国当前的社会经济文化条件下，仍旧有很多人在内心中不愿意接受心理咨询，认为就是和人聊聊天会有什么用，聊天谁都会。这来源于大众对于心理咨询这个工作的认知，也来源于社会国家层面对于心理咨询这个职业工种的定位问题。心理咨询其实更早起源于中国，在中医当中自古就有一种治疗方法叫作"祝由"，是由医生通过言语的方式对病人的疾病产生治疗影响的一种治病方式。尽管我们有悠久的历史传统，尽管中医祝由有精华也有糟粕，但是到现在的国人对于心理咨询仍旧会从内心持一种怀疑或者没有必要的态度。

四是抑郁症患者对于自己状态的评估。很多人会认为抑郁情绪只是心情不好、心情低落，可能过一段时间就可以缓解，可能只是一时的事情。又或者觉得就是不怎么开心，身体也没有怎么出问题，不值当去医院，或者做咨询。

这四种因素的影响让很多的抑郁症患者不会选择主动就医，而抑郁就这样成了自己的一种状态一直存在。笔者通常用情绪感冒来形容，刚开始感冒的时候可以抗一下，缓一缓，但是可怕的是很多人会适应这种持续感冒的状态，每天都流着鼻涕，每天都咳嗽几下，虽然对于身体来说，也的确没有那么快出现问题，但却是一种持续的消耗，以至于麻木，又或者演变为一次突然的高烧，烧毁了自己的生活。

抑郁症目前在全球范围内已经不陌生，由抑郁症所引起的自杀事件也不再是一个多么新鲜的话题。可以说自杀也是抑郁症最严重的一种症状。据某项全球数据显示平均每四十几秒钟的时间，全球范围内就会有一个人尝试自杀。这虽然是一个平均数，但也让人感觉触目惊心。了解抑郁，能够认出抑郁，以及能够应对抑郁成了每个现代人生活中需要掌握的技能。

关于这个方面有很多的书籍、网络课程可以参考学习。也希望越来越多的人可以正视抑郁的问题。它也许只是一个情绪感冒，但是感冒也有轻、中、重的区别，感冒再轻也是一种疾病，而不是矫情或无病呻吟。

人人生而焦虑

提到当前社会中的焦虑，不得不提到一个时下的网络热词"内卷"。按照百度百科上的解释，内卷本意是一类文化模式达到了某种最终的形态以后，既没有办法稳定下来，也没有办法转变为新的形态，而只能不断地在内部变得更加复杂的现象。经网络流传，很多高等学校学生用其来指代非理性的内部竞争或"被自愿"竞争。现指同行间竞相付出更多努力以争夺有限资源，从而导致个体"收益努力比"下降的现象。可以看作是努力的"通货膨胀"。

听起来概念上很难理解，举几个例子。宿舍中，开始只有1个同学在看书、背单词。第2个同学想不行啊，这样他考得好就把我比下去了，那我也要开始看书、背单词。接着第3个同学也加入了，最后第4个同学也被迫加入。大家都在暗中较劲，在努力显示谁读书最刻苦。同样的场景你也可以替换成考试、考证、评优、打游戏、谈恋爱等等。似乎在很多生活的领域中都有这样的情况。在父母的教育中，别人家孩子上了某某辅导班，我家的也要上……

有了内卷的这种现象、这种竞争、这种观念，在这个时代可谓人人生而焦虑。很多人被迫加入内卷的浪潮，跟随一边焦虑、一边无奈。又或者即使没有这些现象我们人类本身也会或多或少有生存焦虑，我为什么活着？我有什么价值。但是这种内卷的现象进一步激化了我们内心的生存焦虑。

在这种情况下，又出现了另一个网络热词，叫"躺平"，在那些内卷的大军中，总会有那么一些人退出来，躺平下来享受生活，而不再是踮起脚尖去争抢有限的资源。你们看书就看你们的，我躺下；你们家孩子上辅导班就上你们的，我躺会儿……

其实反观我们当前的这个时代已经不是资源有限、匮乏的时代，当前的社会无论是经济条件，还是思想状态都已经不再匮乏，能够接受多元、开放、灵活的条件和状态。按照上面关于内卷的定义我们会发现，一个大前提就是大家觉得资源匮乏。第一名永远是最少的，而所有人都要去争抢第一名。这个时候那些躺平的人反而就轻松下来了，他们愿意选择第二名、第三名、优秀奖，甚至是不得奖。

在这个方面，现代人很有必要重新去读一读庄子"无用之用"的思想。在《庄子·内篇·人间世》里有这样一则故事，匠人到了曲辕见到了当地被作为祭拜用的一棵栎树，树冠大到遮蔽几千头牛，树梢可以高临山巅。但是匠人却瞧不上这棵树，认为它做成船会沉，做成器具会腐烂，做成棺材会被虫蛀，看来看去这都是一棵无用之树。到了晚上，栎树来给匠人托梦说：你说我是无用之才，是拿我和那些有用之木比较。但是那些有用之木，结出果实之后，人们为了享有果实会打断枝条，所以这些树常不能终享天年，有用也成了不幸。而我用了很久的时间思考如何可以让我没有用，才走到了今天。"人皆知有用之用，而莫知无用之用也。"

无用也可以有用吗？匠人从栎树那里得到如何朴实无华地充实自己的生命，不为了某种具体的、功利的目的，而只是为了活着。人们的内卷是为了什么，无非是为了让自己变得有用、有作为、有价值。那无用

又是怎样的？肯定不是无所事事，对应到现代社会，应该是退出了内卷
的大潮，选择了自己生活的那些人，活出自己想要的生活就一定会无用
吗？我想栎树也可以告诉我们无用之用。

人生有所得的行动法则——自控力

既然都在内卷，那些所谓成功的人，又是如何卷到了时代的浪尖上
呢？单从个人性格品质的角度，你会发现那些人大多都是非常的自律和
坚持的。坚持锻炼，坚持做某番事业。翻开一本本的名人传记，世界各
地无论哪个年代，那些在某个领域成功的人在性格品质上都拥有那种自
律和坚持的特点。让我们以曾国藩为例。

曾国藩（1811—1872 年），字伯涵，号涤生，原名曾子城，中国近
代政治家、战略家，湘军的创立者和统帅，与胡林翼并称"曾胡"，与
李鸿章、左宗棠、张之洞并称"晚清中兴四大名臣"。除却政治、军事
成就，曾国藩的家训也一直被广为流传。其中就提到了他自己修身的十
二条。

一、主敬：整齐严肃，无时不惧。无事时心在腔子里，应事时
专一不杂。清明在躬，如日之升。

二、静坐：每日不拘何时，静坐四刻，体念来复之仁心，正位
凝命，如鼎之镇。

三、早起：黎明即起，醒后勿粘恋。

四、读书不二：一书未点完，不看他书。东翻西阅，徒务外为人，每日以十页为率。

五、读史：丙申年购《二十三史》，大人曰："尔借钱买书，吾不惮极力为尔弥缝，尔能圈点一遍，则不负我矣。"嗣后每日圈点十页，间断不孝。

六、谨言：刻刻留心，第一功夫。

七、养气：气藏丹田，无不可对人言之事。

八、保身：十二月奉大人手谕："节劳，节欲，节饮食。"时时当作养病。

九、日知所亡：每日读书记录心得语，有求深意是徇人。

十、月无亡所能：每月做诗文数首，以验积理之多寡，养气之盛否。不可一味耽著，最易溺心丧志。

十一、作字：早饭后做字半时。凡笔墨应酬，当作自己课程。凡事不待明日，愈积愈难清。

十二、夜不出门：旷功疲神，切戒切戒！

静坐，读书，读史，作字……修身和坚持，所谓的成功人士，也不是一天养成的，曾国藩用十二修身的原则鼓励和告诫自己。这些条目我相信对于普罗大众来说都是可以做到的，唯一的难点在于每天、每时每刻都做到。这也许正是那些成功人士的隐形法则，不在乎背景、地位、经济、政治，仅从个人的性格品质上，我们需要有坚持的毅力和自控的能力。

可能你会说"那坚持很容易啊，我也可以，我想每天坚持背单词"，但是似乎你的各种欲望总是和自己开玩笑，真正坚持下来的人又有多少。以我自己的情况而言，我发现其实坚持没有那么难。有一段时间我会坚持每天早起，然后朗读半小时左右，开始的时候也并没有什么目的，只是为了监督自己读书。所以就这样开始了。每天早上半个小时，就这样不知不觉地坚持了 3 个月。但是这种坚持里面是有一些隐形的前提的。

首先这件事情是来源于我自己，我想要去做这件事，而不是被迫去做。

其次每次给自己规定的任务并不多，只完成一点点。

最后可以看到一些既定的收益，比如 10 天读完了一本书。读书的音频收获了一些粉丝。

这样的 3 个因素促使这件事情较为容易坚持，但是像背英语单词这样的事情就稍显困难，首先背单词的任务来源于英语考级，也许并不一定是自发的，而是一个规定任务；其次背单词的收益很难衡量，我背了一天的单词最后四级考试能提多少分呢？不知道。所以比较下来我们会发现所谓的坚持是有条件的。

首先的这种坚持必须来源于自身。这让我想到部分年轻人的一个状态"伪自律"。伪自律主要指的是那种看到别人很自律，自己也想自律的跟风行为。但其实内心并没有真的想要去做这些事情。如此表现出来的就是伪自律。看到别人早起读英语，自己也要早起，但是却昏昏沉沉背不下去；看到别人去图书馆学习，自己也要去，但是去了图书馆就犯困。这种类型的自律其实是非常消耗的，往往都坚持不下来。坚持不下来就会觉得自己很差劲，觉得自己无法坚持，觉得自己很失败。所以这就形成了一个莫须有的循环。本来也不是自己想做的事情，跟随大家，然后失败，又得到自己很差劲的结论。其实这件事情最一开始就不是自己真的想做的。

其次是这里有一个付出和收益的平衡问题。也就是如果我们的付出能够很快地见到效果的话，我们往往更容易坚持下去。但是我们也知道生活中不可能事事都能用数量化的方式去衡量，也不可能事事都是短平快的，甚至有很多事情也并不是用收益去衡量的。我们所能做的就是尽可能地去量化自己的付出和收益，以此来完成内心中的平衡。举个极端的例子，慈善家的百万捐款，在那个慈善家的心目中获得的相抵的收益也许是几个孩子的谢谢，甚至是 10 年后的一封信。每天背 20 个单词的收益也许是四级成绩多了 2 分。你会发现我们所做的只是去量化了我们的付出和收益，这种量化基于我们内心的价值观，而不一定是某种普世的经济准则。当我们的收益能够量化，并能够容易地观察到的时候，我们的付出和坚持也更加容易控制，坚持也会更加长久。

压力——达摩克利斯之剑

达摩克利斯是公元前 4 世纪西西里岛君主狄奥尼修斯二世的朝臣，他非常喜欢奉承他的君主。他说：作为一个拥有权力和威信的伟人，狄奥尼修斯实在很幸运。所以狄奥尼修斯提议与达摩克利斯交换一天的身份，那他就可以尝试到首领的命运。在晚上举行的宴会里，达摩克利斯非常享受成为国王的感觉。当宴会要结束的时候，他抬头，看到了王位上方用一根马鬃悬挂着的利剑。达摩克利斯瞬间便失去了对于宴会的兴趣，并请求君主和他调换角色，他不想有这样的幸运。所以后世会用达摩克利斯之剑来形容拥有强大力量的同时也面对着危险，或者我们不需要去羡慕别人的成功，其背后也有巨大的付出；或者用一个成语形容：居安思危。我们回过头来看故事的主角，达摩克利斯，他无疑是比较脆弱的，仅仅在宴会上看见它便知难而退了，但是他的君主需要天天都面对这样的场景。

这种感受也类似于我们所面对的压力，在近现代的心身健康领域的研究发现，所谓的压力对于人身体健康的影响，其实取决你对于压力的态度。通俗地讲就是如果你把这一系列的事件当作是压力，你认为压力影响了你的健康状况那么你的健康就会受它的影响；而如果你不把他当作是压力或者你并不认为压力影响了你的健康，那么它对你的健康就没有什么显著的影响。达摩克利斯认为这把剑是一个压力，所以吓得从座位上退了下来，国王认为这把剑是一个提醒和激励，所以一直坐在宝座上。

一份来源于斯坦福大学健康心理学教授凯莉·麦格尼格尔的关于压力的持续了 8 年的跟踪调研显示，在受试者中，那些认为"一年来感觉压力很大"的参与者，死亡风险增加了 43%，但是这个现象只适用于那些相信压力有碍健康的人。经过 8 年中对于死亡事件的追踪，研究发现 18.2 万美国人过早离世的原因，其实并不是压力过大，而是相信压力过大会对健康不利。

这是一个很惊奇的发现，就像一句禅语说的：心如工画师，能画诸世间。确实万象由心造，我们的健康甚至也能够由心画出来。这项研究也告诉我们，当我们应对压力的时候，我们的身体也会进入一种备战的状态。在这种状态下，如果你认为这样的一种反应是一种帮助，帮你应对接下来的困境、麻烦等，那么这个时候我们的心血管系统就会放松下来，也就是说我们仍旧保留了备战的状态应对压力，但是却没有对身体的心血管产生伤害。

研究中还发现我们如何应对压力。一个很关键的因素就是社交接触。当我们进行社交接触，增进亲密关系，关爱别人的时候我们的身体会释放一种激素叫作催产素。它会让我们更有同情心和爱心，会让我们喜欢帮助别人，会让我们渴望肢体接触。这种激素是一种天然的心血管系统的保护屏障，可以强化心脏，保护血管，帮助我们从压力中恢复。所以其实应对压力也可以很简单，我们只需要保持一定的社交，去关心别人，帮助邻居，有适当的人去倾诉。那么有人说"我非常内向，非常独立，不习惯去和别人交流自己的压力"，那么你同样也可以有办法让你体内产生催产素，这个办法就是去关心爱护别人。去帮助一下你的邻居，你的同学朋友，照顾一个小猫小狗、小朋友，都会让你体内释放催产素来帮助你应对自己的压力。

所以你看大自然是一个平衡的系统，在带来灾难的同时，也伴随着希望。压力就像前面说的那把达摩克利斯之剑，时刻悬于上方，既是危险，也是鞭策。重要的是心这个工画师是如何描绘这把剑的。当认为这把剑的压力是动力的时候，就会创造出充满动力的世界；当认为这把剑的压力是危险的时候，就会像达摩克利斯一样，被剑吓倒，无力前行。

第五章

接纳生命中的丧失

老子的《道德经》说：为者败之，执者失之。王阳明的《与薛尚谦书》中讲：今日之失，未必不为后日之得。得到与失去往往是相辅相成、结伴出现的，有得有失某种程度上也是平衡的。《道德经》还说"有无相生，难易相成，长短相形，高下相倾，音声相和，前后相随，恒也"。谓之天下的事物都有两面，对立而统一，恒也。我们有所得——生命，必然也不断地失去，直至死亡。

成长的代价

曾经有人形容，一个人的一生就像是在攀登一座山峰，在攀登的途中我们必须不断地减负才能保证自己最终登上山巅。当我们登上巅峰的时候，还会去在乎那些丢掉的东西吗？确实一个人成长过程中那些丢掉的东西，像是成就自我必要的丧失。在我们成长的道路上，每个人都会经历各种各样的丧失，不单单指那些我们能够记忆深刻的丧失，比如亲人的故去、失恋、被解雇等，我们生命中还有很多慢性的隐蔽的丧失，比如断奶、分床、离家、升学、人际关系、成长懂事等。人的发展道路是由选择和放弃铺就的,我们终生都面临着选择,而选择必然意味着放弃,放弃我们曾经拥有的,放弃我们对于得失曾有的执念。事实上,理解人生的核心就是去理解应该如何去对待丧失,过好自己人生的关键也同样是去面对自己人生的丧失。

有这样一个很感人的故事。故事中是一位 65 岁的老太太,她终其一生都在扮演着一个照顾者的角色。年幼的时候父亲过世,母亲沉溺于丧夫的悲痛中。母亲的悲痛让她很早就承担起照顾者的这个角色。在家庭中她学着像父亲一样去照顾这个家,照顾母亲。年长之后,为了家庭早早辍学工作,在工作时也是一位老好人,总是能够在工作中让周围的同事感觉到放心,总是照顾周围同事和上下级领导们的需求。结婚后也会为了照顾丈夫、儿女的需求而放弃自己的追求和工作,全心全意地去照护他人、照顾孩子。就这样过了一生,到了年老的时候,孩子离家,孙子长大,老伴离开,当没有人需要被照顾的时候,一种无法平复的悲伤和恐惧占据了她。她突然意识到自己一生都在照顾他人,尽管很累,尽管不愿意,但是却无法改变、无法拒绝,她也突然意识到年幼时候的她,对父亲的离开怀有多么大的悲伤和恨意,因为父亲的去世改变了自己的一生,"本来我……""要不是……"。可是事实真的是这样的吗?外在的现实也许是这样的,内在的现实呢?在内心我们的这位 65 岁的老太太从未曾接受过父亲的去世,她期望用替代父亲的这种方式让父亲永远都活在自己的心里,这是我们应对丧失的其中一种做法:变成他。而这样做的最大的问题就是,我们过了他人的一生,而自己的一生呢?

如果回顾一下自己这一生的成长过程,最开始从温暖的子宫中出来，我们不得不开始面对这个陌生的世界，这是我们的第一次丧失，失去了那个温暖的、安静的、安全的、一体的子宫世界。然后我们开始适应这个世界，当我们 6 个月、1 岁或者再大一点儿的时候，我们又失去了妈妈的乳房，我们开始意识到妈妈和我不是一个人，这又是一次丧失，丧失了那个"我是上帝，我是全部"的感觉，发现自己原来是有局限的，有很多自己想要却得不到的事情……然后我们分床、入学、升学、外出离家、亲人去世，然后恋爱、失恋、工作、解雇、结婚、生子，这些事情在发生的同时也都同时在失去，我们失去了孩子身份，失去了单身身份，失去了具体的某个人，失去了内心的某种品质。成长的代价就是过往的不断失去，而这些是我们不得不去接受的，尽管失去很痛苦，但是前进的动力更有诱惑力，所以我们仍旧在向前走，在承受生命中的种种失去。

　　面对生命中的失去、不得，也许我们没有什么更好的办法，唯有去接受，哀悼和继续前进。但是这个过程并不容易，或者应该说非常艰难，很多人在面对这样的苦难的时候感觉到无能为力，而倾向于选择不去成长。

　　所有人都是从母亲的肚子中生出来的，所有人也都有近十个月在妈妈肚子中孕育的经历。这样的经历注定了我们同母亲的联结。这种联结意味着安全，意味着保护，是我们所有人潜意识里存在的一种愿望，那就是永远都这样不要分开。同时很多人也会在成长的过程中逐渐意识到，成长必须以独立的方式去面对世界，不断地独立和分开，这让我们一方面开心雀跃，能够拥有完整的自我；另一方面又让我们体验到孤独感和缺失感，为了回避这种孤独和缺失，我们也会退行，不想长大。所以在成长为独立的自我的道路上，会有很多人掉队，有很多人会刻意或者无意识地把自己卡在某个阶段，不想去面对继续的分离、独立和成长。

生命中的那些丧失

我们的出生就是从丧失开始的，无论是何种方式，我们最终都要从那个温暖的子宫中被扔出来，没有生存能力，还需要自己努力地呼吸和进食。在那个时候我们最大的安慰来自母亲，母亲是我们和世界之间的唯一屏障，保护着我们。但是母亲也不可能永远陪伴我们，在成长过程中我们逐渐意识到，母亲并不是一个工具，不是一个想要什么就给什么的工具，而是另一个有思想、有内容的个体。我们在自己还没有完全独立的情况下，就必须开始面对母亲的丧失，她会经常一整天都不在场，她会拒绝我们。她在我们还没有做好准备的时候，就离开了，去过她自己独立的生活。

在著名的恒河猴实验中，给一个刚出生的小猴子提供两个妈妈，一个是铁丝妈妈，能够不间断地提供食物；一个是绒布妈妈，但是没有食物提供。实验发现虽然铁丝妈妈能够不间断地提供食物，但小猴子却更喜欢待在没有乳汁的绒布妈妈身边。这就是对妈妈的一种最原始的、本能的和不能缺少的需求：亲密感需求。二战后，英国政府曾经把一些失去双亲的孩子放在孤儿院里养育，虽然这些小婴儿不缺吃穿，可是存活率却很低。而那些放在寄养家庭能够得到养父母最低限度关注的婴儿，即便是饥一顿饱一顿，却大多存活了下来。这是生命最初的这样一种母婴依恋的丧失，使得婴儿可能都不愿意在这个世界上生存。

这也许是我们面临的第一次重要的丧失，只要婴儿存有要长大的欲望，这种丧失就不可避免。区别只是这种丧失发生的时机或者发生的方式，是否婴儿已经具有了接纳这种丧失的基础，是否婴儿有足够的生命力可以忍受丧失。当年幼儿童的父母丧失永久化的时候，就像前面例子中的老太太，父亲在她非常年幼的时候过世，她还没有理解什么叫死亡。儿童就会表现出不安、消沉，于是他们不仅感受到悲伤，还会觉得很自责（是不是我把他赶走了），或者是无助（我没法让他回来）又或者是绝望（我以后永远都没有了）。这种年幼的丧失会让一个人对以后生命中的丧失十分敏感，在遇到其他的丧失性事件的时候更加难以恢复。

早年的丧失经验会让一个人非常早熟，我们很小就会被要求独立，很小就明白了我们的生存不能依赖别人，必须依靠自己。这样的情况是不是在你周围的生活中经常会碰到呢？也许他会是媒体口中的楷模、榜样，可是却无法避免他的内心仍旧是脆弱和敏感的。

当我们学会走路之后也会迎来一次次的丧失，出于自身成长的需要，儿童也会自发地产生要离开母亲（或者是主要养育者）的想法，他们会逐渐萌发出探索的欲望，并且开始试探着离开主要养育者，为此他们不得不开始忍受幼儿园的集体生活、小学的学习生活，逐渐发展除了养育关系之外的同伴、社会关系。这也是一次丧失，有人讲失去的是童年，有人讲失去的是无忧无虑，失去的同时也带来了个人的成长，带来了同伴的世界。

　　在青春期、青年期我们依旧会面临丧失，比如失恋、失败、死亡，真实地面对周围人的失去。于我们而言丧失其实是一直发生的，我们所做的任何一个选择，没有被选择的那一面就是失去，其实都是丧失了另外的一种可能性。正如漫威宇宙里所提到的平行世界一样，每一次不一样的选择就会产生一个新的时间节点、时间分支。每一次丧失过程中的选择，每一次丧失的应对造就了现在的你。

　　成年之后依然会有丧失，结婚、离婚、生育、亲人的离去、工作的获得与丢失，似乎成人面对的丧失越来越多，网络上经常用一句话来形容：成年人的崩溃往往就在一瞬间。如果每一个节点的选择造就了当前的你，那么每一次应对丧失的方式必然也会影响到你后来的生活。成年意味着我们放弃了童年时期的那种夸大的梦想，认识到了现实生活的种种面向，也同时意味着自己掌握必要的智慧和技巧，能够在有限制的自由之内去获取自己想要的东西。这种转变也可以看作是一种更普遍意义上的丧失。童年时期的幻想，或者是成年时期的幻想都可以在一定程度上缓解我们面对现实生活的焦虑，但另一方面幻想又会让我们产生负罪感。在童年时期，我们都曾经幻想过自己的意念能够伤害或者控制别人，这来源于我们童年时期的一种万物有灵的价值观念，也来源于童年期的自大全能感，但是这种幻想会随着成长而逐步丧失，面对现实。于是成年人变得越来越无助、无力、放弃、无奈等等。同时作为成年人，我们还拥有智慧、力量和技巧，让我们为之自豪，终于不再是儿童了。健康的成年人终究需要放弃儿童时期的简单、幼稚，并且拥有自我宽恕的能力。宽恕自己的言行举止，爱护自己，把自己从错误中解脱出来。成长都会伴随丧失，但似乎也带来了收获，究竟哪一端的获益更多，恰恰就说明了一个人的发展状态。

进入成年后，会越来越接近我们人生最大的一次丧失：死亡。在2015年9月2日那天，我突然得知好朋友的死讯，如此突然，我自己也亲身经历了心理学里面所谓的应对死亡的几个心理阶段。否认必然是你所要面临的第一个阶段，不停地在心里追问，"怎么可能呢？""好不真实"等等。不管是什么阶段，最后你都要去面对死亡的真实。这已经不是我第一次接触死亡，之前已经有过多次，家人的去世，老师的离开。一次又一次的死亡经历强迫我不得不去面对这样的话题。我们谁也没有办法确信你自己可以睁开眼睛看到明天的太阳，这并不是悲观，而是为死亡做好准备。

死亡是我们人生中最大的一个丧失经验，也是每个人都必须要面对的事情，它像是一个隐形的背景一样，是每个人身上都必然会发生的事情。但是又有多少人，除非是身患绝症、年过古稀，否则又有多少人认真考虑过、去想过，死亡是什么？死亡的时候会发生什么？尤其是现代生活中，都在想着如何成功，总是倾向于将死亡当作是一种忌讳，一种藏起掖起似乎就不会发生的事情。我们自出生开始终生都在被死亡的恐惧所困扰，涂脂抹粉，养生保健去延缓衰老；极尽讨好，小心翼翼获得大众认可不被孤立；一次又一次地挑战自我，寻求刺激，为了证明自己能够战胜死亡。面对死亡的恐惧是我们应有的，不同的是我们如何去应对这一份恐惧，是去了解它，还是忽视压抑？

我一直很喜欢的一句话是"步步为生，时时可死"，我并不知道这句话是谁说的，而关心的是这句话所带给我们的启示。你的生活是否现在就是这句话所描述的状态呢？"时时可死"是一种决心，到每天结束的时候我没有遗憾；一种态度，我可以坦然地接受接下来的事情；一种生活的方式，我要活在当下，不忧虑未来，不执着过去。多数人包括我并没有活到这样的状态，每天都会宽慰自己，"哎呀，明天再说"。可是当死亡的信息一次又一次来敲你大门的时候，真的还有明天吗？

认识到丧失是人成长的必经阶段，正是有了一次一次的丧失，个体才从襁褓中无能为力的婴儿成长为现在的模样。正如《孟子·告子下》中所说的"故天将降大任于斯人也，必先苦其心志，劳其筋骨，饿其体肤，空乏其身，行拂乱其所为，所以动心忍性，曾益其所不能"。有的人应对丧失是默默铭记，有些人通过某种仪式祭奠，更多的人是通过内心的一些无意识的动作与丧失联结。红楼梦里的贾宝玉祭奠金钏不拘泥于仪式、形式，只要自己心意俱足；清明家家户户也会通过一些仪式完成对于先人的挂念；更多的人是在内心里或者接纳，或者拒绝，或者变成他们。

如何看待丧失？总而言之就是承认自己的丧失，承认对方的离开、消失，接纳丧失。这种承认和接纳必然带来巨大的悲伤、痛苦、无助。接纳并不是让你一味隐忍，而是对自己经验的一种非评判性的容纳。为痛苦的感受、冲动和情绪让出空间，不去抗拒、控制和逃避它们，选择将其释放。就好比直接跳下河去游泳一样，不是在岸边看，恐惧和担心，而是直接跳进河水中去。当然这个步骤必须有救生员在，我们需要有自己的支持系统，能够有在悲伤释放中解救、陪伴和支持自己的人存在，才能够放心大胆地跳下河。接纳并不是目的，但却是必经阶段，接纳了才能够面对，才能够学会游泳，才能够最终超越。

心理免疫系统——防御机制

免疫系统大家可能都不陌生，它代表了我们抵抗外界伤害的能力。我们的身体自己有这样的一套组织可以帮助我们去抵消掉一定的伤害，让我们存活。当伤害大于组织的处理能力的时候我们就会生病。身体上如此，心理上也是如此。我们同样也有一套心理上的防御系统。我们用这套心理上的防御机制抵消我们所经历的那些丧失带来的伤痛，这套系统可以帮助我们从意识层面消除不愉快的情绪情感。

举几个例子，我们可能更容易理解防御机制。一个男生向女生表白失败，内心非常痛苦。

A. 男生：情场失意，那我就奋力学习，在学习上有成就——转移。

B. 男生：她可能还没有足够了解我，我再继续——合理化。

C. 男生：装什么装！也不是多好的一个女生，跟你表白是看得起你——攻击。

你会发现这些话既可能是我们内心对这件事情的反应，也可能是周围朋友劝你的方向。所以心理上的防御机制也并非那么遥远，我们真的是日用而不知。心理防御机制也更类似于心理上的本能反应或者是自动化的反应，多数时候都是没有被我们的意识观察到的无意识的行为。我们所谓的心理成长、成熟，从防御机制的角度，也是希望每个人都能够有适应性更好的心理防御机制，能够有意识地选择使用当时情况下最优的方式。就像是武器库的武器一样，我们知道何时取出最佳的武器去用。

绝大多数人的心理防御机制可作适应性和不适应性两种区分。实际上心理咨询，治疗的过程中很多的工作在于向来访者点明他的不适应性的防御机制。通常不适应性的心理防御机制会干扰个体对于客观处境的应对方式，形成强迫性思维、焦虑、恐惧等。每个人也会有自己惯用的几种心理防御机制，这类似于每个人的行为模式、性格特点，来自我们既往成长过程中的点点滴滴。同时也会有一些紧急突发情况下的防御机制，当一个人遇到了一种让人崩溃的情感或者威胁的时候，个体会采取一些紧急的防御机制，比如压抑、隔离、转移等。很多时候防御机制都是集合出现的，也就是说一种防御方式不足以消除我们的不愉快情绪，需要多种，或者是成套地出现。辩证来看，心理防御机制既是解决我们心理冲突的一套办法，是我们自己自发组织起来的一套处理问题的方法，但与此同时防御机制本身也是我们心理症状的一部分。举个例子：

小小是一名 22 岁的单身女性，因为自己的抑郁问题来咨询。她讲述了她父亲的问题，她的父亲总是无缘无故地攻击她、批评她。在一次咨询的时候，因为我迟到了五分钟，遭到了小小的严厉批评，她说：你知道因为我父亲是这样对我的，我无法忍受等待，而你却让我一直等，你必须道歉！在她的指责下我感受到了不公平的指控，她看上去真的很生气，而且有点儿无理，我在那个时候突然联想到了她的父亲，于是就对她说：你现在好像你的父亲一样对我。

小小所用的防御方式是投射性认同，通过行为或者态度，他人受到激发而产生一些你不喜欢在你自己身上出现的情感体验，以及表现得像那个激发你讨厌的情感的人一样。小小当时的表现就像父亲一样苛刻、严格、无端挑剔，让别人感受到不公平待遇；而委屈、无助这些感觉是小小不想拥有的感受，不喜欢它们在自己身上表现出来。所以防御机制一方面是小小掩饰自己委屈的一种方式，另一方面也恰恰是她的症结所在。

在前面的那位 65 岁老太太的案例中，她的帮助别人也是一种防御方式，同时也是她的症结。老太太应对父亲丧失的一种本能性的防护措施就是，一种不由自主地对他人需要的关心。通过自己的助人行为，奉献自己帮助别人，减轻了自己过去的"没什么用，没帮上什么忙"的那种无助的感觉。看到别人被照顾好了，她也在一定程度上得到了放松，就好像她自己也被照顾得很好。但另一个方面虽然内心有强烈的愿望渴望亲密，却又总是无法相信，害怕再一次经历像父亲那样的事情。这也是认同的一种防御机制，就是我们对于失去的那个人的情感非常强烈，当我们失去他之后，我们就会在无意识里将自己"变成"了他，将那些我们必须离开的人或者去世的人，那些离开我们的人保留在心中。通过模仿他的外形、发型、服饰，通过模仿他的性格，通过模仿他的口音、动作来完成认同，就仿佛他仍然活着一样。

我们的这个心理防御机制武器库里大约有 100 多种武器，目前被命名出来的有 101 种，比较常用的有投射、投射性认同、否认、反向形成、隔离、被动攻击、置换、压抑、退行、认同、升华、幽默、合理化、理智化、理想化、贬低、回避、病理性利他、夸大、解离……在面对个人生命中种种丧失的时候，任何的防御机制都会被我们借来使用，这里面有积极的防御也有消极的防御。积极的防御指的是我们暂时借用这些方式，缓解丧失带来的伤痛，然后等到做好准备再去应对；而消极的防御则是我们试图用这些防御的方式来填补、否认这些丧失。让我们再用两个例子来说明。

积极的防御：家里生了二宝，5 岁的大宝变得异常黏人，脾气变坏，偶尔还会在家里尿裤子。家长理解他可能是在和二宝争宠，让自己变得更小孩需要大人照顾，家长给予照顾、关注后症状就消失了。

消极的防御：家里生了二宝，5 岁的大宝变得异常黏人，脾气变坏，偶尔还会在家里随地大小便。家长理解他可能是在和二宝争宠，让自己变得更小孩需要大人照顾，家长给予照顾、关注后不再尿裤子，但是仍旧蛮横，什么都要按照自己的意思来，一直到了 15 岁还是如此。

孩子用的这些方式也是一种防御机制——退行，退回到更小的时候，表现出幼稚来表达自己的攻击性和不满。前一种叫作积极的防御方式，因为这是大宝所用的临时办法，帮助自己应对忽视，得到了家长的重视后，这个方法就不必用了；后一种消极的防御方式，是因为大宝发现了自己这种方式是有获益的，可以用来填补过去 5 年里他没有被满足的关注，所以会继续沿用，甚至可能会形成一种成人后的行为模式——每当有人不满足我需求的时候，我就可以发脾气。但是这种方式到成年之后就会变成我们前面所说的不适应性的防御方式，并不会给自己带来长久的获益。

心理防御机制在我们应对丧失的过程中，给予了我们尽可能多的保护。同时我们也发现，这套本能的、自动化的系统也有它的盲目性，也有防御机制所无法应对的伤痛，这个时候就有了心理疾病，我们可能会有两种选择，要么系统崩溃生病，要么系统封闭，严防死守，无论哪种都需要有专业的帮助，看病吃药才能解决。那在丧失中是否又有第三种可能性？像是超越原生家庭一样，在丧失中升华呢？

丧失的哀悼和再出发

我们会经常用钢铁和水来形容两种不同的人。钢铁坚硬、坚固，是社会中必不可少的中坚力量，同时也因为坚硬反而容易被直接截断，当外界那个撕裂的力量足够强大的时候，钢铁也会被干脆地折断；而水呢，《道德经》讲："上善若水。水善利万物而不争，处众人之所恶，故几于道。"水处在最下方，最卑微、鄙陋的位置。利万物但是自己却不争。看似柔弱，却能够滴水穿石。面对阻挠也能够迂回取胜。相比较钢铁，水可以滋润万物，甚至接近于老子所说的"道"。水的这种温柔的坚持，是我们应该具有的去对抗丧失和挫折的一种态度。一个人可以承受的苦难有多大呢？很多时候我们甚至都想象不到自己的承受能力有多强，每个生命都有自己的动能，也有自愈能力。

在武侠小说里面，我们会看到主人公也经常斗争失败、遭受挫折，被打入山崖，跌落谷底，但是却总是能够在谷底捡到宝贝，修炼神功，最后绝处逢生，重回武林巅峰。你可能会说那是小说，现实世界里没有江湖。但是如果你用一种更广的视角来看，童话故事里、神话传说里，很多文学作品中也都有类似的情节，主人公经历挫折，退回或者出走到一处更原始的地方，通常是森林，然后几年后重回舞台。为什么武侠小说里、童话故事里、文学作品里经常有这样的套路？受挫后被打到低谷，然后绝处逢生。这其实说明这是一种原型过程，每个个体在经历失去、受挫的时候都会经历这样类似的过程。

　　每一次失去都会带来成长，每一次失去都让我们又学会了一些应对的技巧。哀悼必然和丧失有关，也是我们在应对这些象征性的、真实的丧失的时候必定会出现的反应。在哀悼的过程中，仪式非常重要。西方有一句谚语叫作"当无法用言语表达的时候，用仪式"。仪式可以帮助我们去表达对于这些生命中重要事件的内心感受，古今中外在人的一生成长当中的确伴随有很多的仪式，比如西方的洗礼，东方的满月，百岁、成人礼、开学典礼、毕业典礼、婚礼、葬礼。通过这样的一些仪式我们重新明确和确立了自己的身份，并通过公开的仪式与他人达成一致的认识。完成仪式，我就是大学生了，别人也确定了我的大学生身份。我们也会通过这些仪式来哀悼自己过往的时光，比如高中毕业时的班级聚会，可能疯狂，可能煽情，都预示着一个阶段的结束，并且再也回不去了。当然仪式也并不一定完全遵守怎样的规则，更重要的是内心的仪式感，比如丢掉了前任恋人的信物，表示我终于可以开始新生活了；离职了或者升职了或者退休了，请同事吃个饭……我们就是在这样的一些叫得上名字、叫不上名字的仪式中承认自己结束了上一个阶段，步入下个阶段，接受了自己的丧失，并且迎向新的挑战。

　　当然有继续迈步迎接挑战的，必然也会有跌落谷底，无法再爬出来的。在辩证行为疗法中会把我们日常生活中一些常见的适应不良的应对策略叫作自毁式应对策略。主要表现有：

　　花大量的时间去想过去的痛苦、错误和问题；

　　担心将来可能出现的痛苦、错误和问题而焦虑不安；

　　为了躲避痛苦而远离人群；

用酒精药物等麻痹自己，也可能暴饮暴食；

将痛苦情绪转嫁给别人；

做一些危险行为，如自残、不安全的性行为；

回避令人愉快的活动，如社交；

……

之所以称之为自毁式的应对策略，是因为这样的一些行为最后的代价很可能是失去朋友、情绪抑郁，抑或是死亡。就像在武侠小说中，我们被一个高手打落谷底，再也无力还击。

如果还想要再出发，我们需要做的第一步就是接受这些丧失。既然生命的成长必然会伴随着某些东西的丧失，那我们唯有接受。能够去面对自己痛苦的一个基础其实是能够全盘接受，全盘接受自己的状态、生活、现状、成功、无能和失败等等。我们生活中所有的不满、焦虑其实归根结底来源于我们的不能接受：不能接受我目前所处的位置；不能接受为什么他有我没有；不能接受世界看起来不公平。这不是消极地无力地被动接受，也并不是对生活屈服，或者拿掉进取心，而是对自己的生活持一种肯定的态度，意识到生命发展的历程勇于承担。我生活中所出现的、面临的事情，出现了就出现了，我们无法躲避、无法逃离，这就是生活。生活中的很多事情我们个人是无法掌握的，比如天气，比如意外，比如他人……面对这些无法掌握的事情，我们唯有接受，才能够让我们以真实的态度去应对苦难和挫折。

第二步是自我抚慰。通俗地说就是我们需要知道如何自己照顾自己、自己安慰自己，像照顾别人一样去照顾自己。如果你想象不到如何做到自我抚慰，你可以观察下猫。猫每天都要舔自己，清洁毛发，也会用舌头来抚平自己的伤口，每天如此，从不厌倦或者懈怠。不仅如此它们还可以在每次舔舐自己的时候，非常陶醉，非常喜欢自己。这就是一种本能的自我抚慰、自我照顾，是爱护自己的完美例证。

首先需要学会放松。在放松状态下，你的身体会进入舒缓的状态，大脑也会同样放松，这会让你的大脑更容易想到问题的解决办法。通常的放松办法有深呼吸、冥想、数息法等。有人听音乐放松，有人跑步放松，有人泡澡放松，有人冥想放松，需要注意这里的个体差异性，并没有一种放松的办法适合于所有人，你必须找到你自己适用的放松方法。

其次开始自我抚慰，可以去调动你自己的视觉、听觉、嗅觉、味觉、触觉等感觉系统去全方位地爱护自己。例如：视觉上可以去阅读浏览你感兴趣的书籍、图片，或去公园、博物馆逛逛；听觉上可以去听某首轻柔的歌曲，收听一些电台的轻松节目，听听大自然的虫鸣鸟叫；嗅觉上可以闻一闻大自然的花香，做一顿色香味俱全的美食；味觉上同样可以做一顿美食，喝点儿自己喜欢的饮料，品尝一道一直盼望的美食；触觉上可以自己给自己按摩，也可以抚摸照顾自己的宠物。这些方式都可以是自我抚慰的方式，目的是让自己通过这样的活动感觉到被关爱，觉得自己很好、很值得。

最后是分散注意力。如果你并没有做好心理准备，分散注意力可以帮助你暂时忘掉烦恼，同时给你一些时间去找到恰当的回应方式。但是分散注意力并不是指逃避，逃避是指你放弃应对困境，但是困境永远在，它会再次找到你。分散注意力指的是需要做一些事情去让自己的情绪平静到具有相当承受能力的时候再去应对。你可以去制订一个分散注意力的计划或者清单。比如可以尝试开始数数，可以强迫自己去做一些杂事，或者机械化的工作，比如打扫卫生等；也可以尝试思想上的转移，如回忆一段美好的记忆，唱某一首欢快的老歌。通过一些技巧从压倒性的情绪状态中释放出来，当你感觉自己的情绪状态好转之后，可以继续回去面对和解决之前的事情。如果单纯地分散注意力的计划无法奏效，你还可以同时制订一个让自己转向快乐的活动清单，比如大声唱歌，给朋友打电话，去爬山，去大吃一顿等等。通过去做让你感觉到快乐的事情，让自己从压倒性的情绪中恢复过来。

这些也仅仅是我们在低谷状态下做的一些基础性的工作，我们慢慢接纳，逐步抚慰，可能持续几个月，可能持续几年，都没关系，只要你一直这样去做，逐渐累积起可以再出发的能量，你终有一天是可以走出来的。

【扩展练习】

下次你处于困境的时候，你可以用下面的问题问自己。

（1）现在我在何处？

（2）我是否太超前，正为可能发生的事忧虑并计划着？

（3）我是否还停留在过去，回想犯过的错，或者想着如果当时的情况不同，我的生活会不会是另外一个样子？

（4）我活在当下吗？

（5）如果你发现自己并没有活在当下，你可以留意你的呼吸，关注呼吸帮助自己聚焦于当下。

（6）或者留意去观察和体会自己的身体、姿态，留意任何地方的紧张，不舒服或者疼痛，通过肌肉的放松把自己拉回当下。

第六章

发现和寻找生命的意义

西西弗斯是希腊神话中的人物。根据《荷马史诗》中的描述，西西弗斯是科林斯的建城者和国王。当宙斯掳走河神伊索普斯的女儿伊琴娜时，河神曾到科林斯找寻其女，知悉此事的西西弗斯以一条四季长流的河川作为交换条件告知了河神。由于泄露了宙斯的秘密，宙斯便派出死神要将他押下地狱。没有想到西西弗斯却用计绑架了死神，导致人间长久以来都没有人死去，一直到死神被救出为止，为此西西弗斯被打入冥界。在被打入冥界前，西西弗斯嘱咐妻子墨洛珀不要埋葬他的尸体。到了冥界后，西西弗斯告诉冥后帕尔塞福涅，一个没有被埋葬的人是没有资格待在冥界的，并请求给予三天告假还阳处理自己的后事。没有想到，西西弗斯一看到美丽的大地就赖着不走，不想回去了。于是西西弗斯被判逐出地狱，并要求他把一块巨石由山脚推上山顶。在那里，他每天要把一块沉重的大石头推到非常陡的山上，然后朝边上迈一步出去，再眼看着这个大石头滚到山脚下面。西西弗斯要永远地、并且没有任何希望地重复着这个毫无意义的动作。

空心病①与佛系②

　　"空心病"这个词最早由北京大学心理健康教育与咨询中心的徐凯文博士在第九届新东方家庭教育高峰论坛主题演讲《时代空心病与焦虑经济学》中提出来，徐凯文博士公布了一些针对北大的调研数据："北大一年级的新生，有30.4%的学生厌恶学习，或者认为学习没有意义；还有40.4%的学生认为人生没有意义。"而研究者针对253人的调查结果也发现，仅30.83%的大学生对当前的精神生活现状感到满意，此现象被称作"空心病"。主要表现为人生价值和意义的缺失，体验到强烈的孤独感和无意义感。在我所工作的学校也存在很多空心病的大学生。他们总是感觉情绪抑郁，没什么意思，非常迷茫。可以说这并不是个例，而是一种现象。造成这种现象有多种原因。

　　它可能来自家庭的互动方式或幼时家长的养育方式。不少的研究表示，专制权威型的家庭和忽视型的家庭氛围更容易养成空心病的孩子。专制权威型的家庭中，孩子的所有事情都由父母决定，家长不能接受孩子走弯路，要赢在起跑线上，孩子的每一个人生决策都要听家长的安排，上什么辅导班，学什么才艺，报哪个学校，学什么专业，找什么工作等等，在这样的氛围下，孩子被剥夺了自己探索的权利。家长的选择

---

① 尚亚飞，尹明柴.心理学视角下大学生精神追求的缺失与重构——由大学生"空心病"引起的思考［J］.广州广播电视大学学报，2019，19（4）：48-52.

② 赵智敏，梁玉.新媒体时代亚文化与传统文化的双向互动——青年"佛系"标本解读［J］.新闻爱好者，2021（3）：56-60.

肯定是对的，毕竟家长是过来人，很多的选择也是基于自己吃过的亏，家长的初心都是好的，也是爱孩子的。只是从生命成长的角度来说，弯路和挫折是生命所必需的，家长也是因为弯路和挫折才成就了自己，孩子依然也需要挫折，才能发展出自己的生命。忽视型的家庭呢？父母也许忙于生计，也许本身就是情感表达欠缺，孩子得不到足够的关注，也不像权威型家庭被处处安排。这种相反状态的孩子也会感觉到被忽略，好像我在或者不在没人关心，那我还有什么价值呢？也会发展出无价值感。

空心病还可能来自本身，青少年面对着一个在心理学中被称为"自我同一性"的议题，青少年必须解决了自我的身份认同才能最终产生确定的意义感。自我同一性的问题简单粗暴地讲就是我们需要在这个时候搞清楚：我是谁，我是一个怎样的人，我能做什么，我需要什么。对这个问题的回答是需要去探索、去实践的，而不是靠单纯思考就可以解决的。在很多人的观念里，当自己本身迷茫的时候，会接受来自外界的建议，似乎有很多优先要去完成的事情，比如：等你考上大学就好了……等你结婚了之后再怎样……等你生了孩子之后……等你成功了之后……当自己迷茫的时候，我们就接受了这些来自外界的"成功的目标"，来自别人的应该的"我是谁"，为这些没有思考过的目标奋斗着，但同时内心却在打鼓"这是我想要的吗？""我想要的是什么呢？""做到这些之后呢？"

当然还可能来自外界，整个社会。社会的剧烈变迁，多种价值观体系的碰撞，传统的价值观无法满足当前青少年发展的需要，新的价值体系又还未建立完善，让所有处在这个环境中的个体体会到了明显的挫败感和无价值感、无意义感，迷茫和空虚。很多在校大学生的表现，要么是放任无度、意志消沉；要么是闷头忙碌，用忙碌占满自己焦虑的时间。社会大环境的变迁除了影响青少年，也会影响到青少年的家长、青少年的学校。这就像是一个系统，随便哪个环节的问题都会影响整体的走向。这种无价值感、无意义感会导致个体的很多情绪和行为问题，比如抑郁，再比如手机成瘾：抱着手机，刷着视频，内心焦虑自己什么也没干，却依旧放不下手机。

也有可能来源于我们社会中的单一化的评价体系，比如教育领域的成绩评价体系。尽管在不断地改革，但是距离真正实现多元化的评价体系还有一段时间；比如社会家庭中的评价体系，也就是所谓的成功，有房有车，工作稳定，按照年龄结婚生子，这是主流的生活和成功的方式，却也忽视了个体的差异。当有人试图跳开这个评价体系的时候，就会遭受负面评价，进而觉得自己很差劲、不行、没有用。

以上内因和外因的结合，造就了青少年一代的空心病。尽管我们把它叫作"病"，但空心病并不是一个心理疾病的专业名词，它只是一种现象的描述。越来越多的孩子在埋头学习的过程中反而迷失了自己，上了大学之后突然开始迷茫不知道自己要干什么。也并不完全意味着每一个空心病的人都需要如何去治疗。空心病，对部分人来讲这个状态是一个阶段；对部分人来讲这个状态是一个常态；对部分人来讲无法凭自己的力量结束或走出这个阶段，发展出自己的生活；对部分人来讲被这个状态捕获最终结束自己的生命。

但是无论如何，如果你意识到，如果想要走出来，都必须个人开始去探索和尝试。就像你永远都叫不醒一个装睡的人，空心病的解决也需要个人有想填满自己内心生命意义感的需求才可以。存在主义心理学家维克多·弗兰克尔在他的《追寻生命的意义》里指出，人，必须清晰地知道自己的目标。在《寻找生命的意义》这本书里，作者诉说了他自己在纳粹集中营中生活的经历。我们都知道纳粹集中营的生活是极端苦难的，在相同的极端苦难的生活下有的人可以坚持忍耐，最终坚持到战争胜利而走出来，有的人会在这样的环境中丧生。维克多·弗兰克尔以自己的医学和心理学背景同样也在集中营中苦苦支撑，并用自己独特的视角去观察周围。他发现一个有趣的现象，在一个特殊的场景下会有更多的人死去，这个场景就是当周围传出"战争胜利了""明天就会解放了"之类的谣言，但这些谣言并没有成真的时候，那一个晚上会有更多的人死去。作者认为在这样的环境里，人们希望的破灭让他们失去了活下去的勇气，让他们感觉自己的苦难是没有意义、没有终止的，随之而来的绝望感夺走了他们的生命。而那些面对苦难，仍旧一天一天默默坚持的人，却是最终能走出集中营的幸运儿。作者认为这就是"意义"的作用，它帮助我们去应对死亡的恐惧，帮助我们去填补我们的空心。所以对于每一个空心病的青少年，寻找自己生命的意义，填补自己的空心至关重要。

与空心的状态不太一样的是"佛系"的状态。佛系这个词 2017 年开始走红网络，佛系青少年常常拿着保温杯，泡着枸杞菊花，说着"都行，都可以，没关系，一切随缘"。很多青少年也会用佛系来给自己打个标签，学者开始研究佛系的现象，并对此褒贬不一。佛系和空心一样吗？又或者两者是两种完全不同的人生吗？去了解佛系我想我们首先需要界定一下什么是佛，究竟怎样是佛系。

"佛"来源于梵文，是对佛陀的简称。意译的含义为觉者，知者。《后汉书》中认为佛是"自觉亦能觉他，觉无尽有"的人。由此我们可以看到"佛"这个字的本意是指代那些有智慧的人，是能够领悟到世界真理的人。在我们的生活常识中，佛教和佛教徒总是给人一种喜乐平和、慈悲为怀、普度众生的感觉，比如观世音菩萨、弥勒佛、唐僧等等。有一种看淡一切、没有贪嗔痴恨这样世俗的情绪体验的感觉，这也许是佛系青年这个词的来源。这类人往往看起来不争不抢、随遇而安、情绪平静……这些表现是被第三方观察出来的。但是我们也知道"佛"这个字的本意是觉知、智慧，佛系青年能够做到上面的种种外在的行为表现，是来源于自己觉悟之后的看破，还是看不破之后的一种假装和放弃呢？这也许才是我们需要关心的问题。

由此，我想我们可以区分的佛系青年中，至少有两类人群：真佛系青年和类佛系青年。真佛系青年和佛一样，佛样的表现来源于自己内心的通透和觉知，当面对竞争的时候，尽力去竞争，落败也会衷心祝福，自我反思，翻开下一页；类佛系青年则只是装作和佛一样，其实是对现实的一种消极抵抗和被动防御，当面对竞争的时候，尽力去竞争，落败后备受打击，只能假装不在乎。类佛系青年在某种程度上是和空心病有着类似的状态的，都是内在空虚的，他们都没有体会到自己内在的富足和价值。诚如佛经所言，人人都可以成佛，每个人都具有觉悟的基础，每个人都具有自己作为一个生命的价值。但是类佛系青年则更像是发展出来的一种面具，为了抵抗自己内心的空虚，所以干脆告诉自己"我并不需要，随遇而安"，内心却是极度贫乏和空虚的。

人生苦短，及时享乐？

无论是空心病，还是类佛系青年，内心的贫乏和空虚都会促使我们想办法去填满。我们本能地开始各种尝试，企图去填补这种贫乏和空虚；企图去证明自己生命的意义；企图证明自己是有价值的。如果是你，你会用什么方法去填满呢？用快乐？还是用苦难？可能除了苦行僧没有人会选择苦难吧？曹操在《短歌行》中唱道："对酒当歌，人生几何！譬如朝露，去日苦多。"让人不禁感慨这么痛苦的人生，我们需要如何度过呢？曹操也给出了他的方法："慨当以慷，忧思难忘，何以解忧？唯有杜康。"在这譬如朝露、转瞬即逝的人生中，你是否也选择了用及时行乐的方式来度过呢？

笔者没有了解过曹操的价值观或者生活准则是否是享乐主义，但是在当今的社会中的的确确存在着很多享乐主义的群体。享乐主义顾名思义就是追求享乐，追求自己欲望的即刻满足或者把享乐作为最高的追求。趋乐避苦也算是一种人类的本能了，谁也不愿意像个苦行僧一样委屈自己。因为我们内心贫乏和空虚，所以才需要时刻抓住现实世界中的种种。

在此笔者想到了一个很有趣的生活小片段。在生日宴会上，每个人都得到了一块美味的生日蛋糕，如果假设大多数人吃生日蛋糕往往都是冲着上面的奶油去的，这时你就会观察到不同的选择：有一部分人会选择，先吃掉蛋糕胚上的奶油，再去吃剩下的蛋糕胚；一部分人会选择先吃掉奶油底下的蛋糕胚，再专心地慢慢品尝奶油。就是这样一个再普通不过的小片段，却也可以从一个侧面判断出人的生活准则。喜欢吃奶油，又先吃奶油的人，会更加追求喜欢、安逸、即刻满足、即刻解决，不太愿意忍受等待、痛苦、忍耐；而喜欢吃奶油，却把奶油放在最后吃的人则恰恰相反，愿意等待最后的纯奶油时刻。

这个小片段，也让笔者想到自己曾经思考过的一个问题"怎么做才是爱自己"。这个问题来源于某一天吃午饭的时候，由于心情非常不好，然后冒出一个念头"我得做点儿什么事情关爱一下自己"。然后就开始站在湖边思考："是再喝杯咖啡？哎，今天已经喝过一杯了，再喝可能会影响睡眠。但是还是很想去喝一杯咖啡！"这个时候的我就开始了犹豫，不是要关爱自己吗？关爱自己不是应该想干什么就干什么吗？另一个声音又说，这样不行，你需要克制要不你晚上会睡不好觉……我想了很久最后得到一个结论，关爱自己似乎挺有难度！似乎不是我想干什么就干什么才是爱自己，一时间我完全不知道该怎么办了！实在是很难的选择。在这样的一个思考之后，我开始觉得关爱自己这件事也需要强大的自律能力，我们需要知道究竟什么才是对自己好的事情，甚至很多时候那些对自己好的事情反而要忍受痛苦，就像经常萦绕在耳边家长常说的那句"我这都是为了你好"，好像我们自己心里面也有一个内化的家长在提醒我们。

话说回来，这仅是个人的想法，实际上很多人并不是这样想的。笔者接触过的一个来访者，他所坚持的就是享乐主义：我为什么要忍耐呢？我想要这个东西，我就要马上得到，过了这个想要的时间以后我就不想要了。这句话听起来很正当，似乎没什么问题。但是如果我们仔细思考，真的是这样吗？如果过了这个时间就不再想要了，那这样东西真的是你想要的吗？还是仅仅来自内心无法忍受等待的痛苦。这里我们是不是要打个问号呢？回到这个来访者，他并不赞同我上面的想法，他认为，不管是真的想要还是假的想要，只要在这一刻想要这个东西，我就必须得到。

在这位来访者的内在观念里，这个想法是非常成立的。对于他来讲，这来源于他的家庭环境，他生活在一个经济拮据的家庭，父母因为经济条件有限，所以对他的日常生活要求较多。他印象深刻的是想吃烤鸭，但是爸爸没有给他买，最后这种想要就一直留在了心里，成了一种执念，"我以后想要什么就要马上得到"。这种想要、即刻就要的观念来源于来访者内心受挫的补偿。也许很多人和这个来访者类似。另一方面，过分宠溺的家庭环境也容易让个体感觉到自己可以想要什么就得到什么。也就是从个人的层面来说，这种"想要什么就马上要得到什么"的即刻满足的享乐观念来源于个人内心的不成熟。我的这个来访者，后来迷上了一款手机游戏，这款游戏中每个英雄都有一些不同款式的服装，买服装是需要付费的。所以在他即刻满足观念的支配下，为他喜欢的游戏角色买了很多好看的服装。生活费花完了，又通过手机 APP 借钱，除了学费生活费的贷款以外，又额外为了买游戏服装欠了 5000 多的债务。虽然一直入不敷出，但是他心里只是偶尔焦虑，多数时候是满足的，经常登录游戏看看自己的成果，他也不向别人去炫耀，只是为了自己的满足。那么问题来了，他是真正爱自己的吗？

从社会的层面，当前物资丰富，金钱累积，解决温饱问题之后，自然会衍生出高层次的需求。按照马斯洛需求层次理论，基本生存需求被满足之后，人们开始追求爱与归属、自尊的需求。物质的极大富足可以很好地满足一个人自尊的需求，一个人若是拥有了自己想要的东西，那么这个人肯定会感觉到自己非常棒。虽说是一个盛行的现象，但未必是全好的。很多人，就像这个来访者，为了即刻的享受，借款买游戏皮肤，满足了自己的需求，留下一屁股可能还不起的债，这种不顾后果的享乐，让人觉得有一些后怕。

现代人似乎也学会了如何享乐，打开电视我们有太多的影视剧、综艺节目可以消遣，视频剪辑的后期也知道什么样的八卦、段子可以满足大众的吃瓜心理；打开手机有各种类型的短视频、游戏可以用来消磨时光；出门逛逛看到想要的东西我可以立即购买，刷信用卡；还有很多的服务业，可以让男性女性享受上帝的感觉。这样的生活看起来很享受，非常惬意。但是也许事实却未必如我们所见，那些追剧的男生女生可能还有需要去完成的考试、面试的焦虑；那些想买什么就买什么的人也可能会有养老、养孩子的困境。也许享乐只是我们去逃避自己苦难的一种方式吧！人的一生究竟是应该享乐？还是承受苦难呢？这确实是个问题。

孟子说："人恒过，然后能改；困于心，衡于虑，而后作；征于色，发于声，而后喻。入则无法家拂士，出则无敌国外患者，国恒亡。然后知生于忧患，而死于安乐也。"（《孟子·告子下》）人内心被困，思想阻塞然后才能有作为；国家内部没有贤士，外部也没有忧患，常常导致国家的灭亡，所以才知道，人啊，忧患才能让你发展，而安乐会让你死亡。诚然人人都喜欢享乐，但是苦难仍然存在，苦难的意义又究竟在哪里呢？

生命即苦难

人们会贪图享受、享乐，如果再进一步思考，是否也恰好能够说明，生活中确有苦难的存在？否则也就不需要刻意强调享乐了？

生活即苦难，这可能是很多人觉得无法接受的。尤其是在现代的这种享乐主义、消费主义价值观的影响下，"我有了钱，我可以不用再受苦了""就算我受苦，我的孩子不会再受苦了"。也会有人说，我这人一生没有什么大追求，没有什么大抱负，我只想舒舒服服地过完我这一生，我不用经历什么苦难了，碰到困难我就躲着走，这样不可以吗？可以的，但是你躲过去的那个困难会告诉你，我总有一天还是会追上你的，我会咬着你永不放手。就好比你曾经在一个地方绊倒过，你没有吸取教训，没有学会怎样躲避，那么每一次你走到那个地方的时候仍旧会被绊倒，这也是为什么躲着走的方式并不可行。一个人的一生可以没有苦难吗？可能答案也是否定的，每个人在自己生活的每个阶段必然都会面临一些选择、一些错过、一些丧失，这些事件或多或少都会为我们的生命带来迷茫、痛苦、无力、挫折感、烦恼等等。苦难在生命中永远伴随出现。

如果苦难无法逃开，它让我们痛苦，那我去经历苦难有什么用呢？

从一个人一生的角度来看，中国人的哲学世界观告诉我们要有忧患意识，没有谁是一直顺利的，苦难告诉了我们自己的不足。我们的人生可以分为几个不同的阶段，每个阶段有每个阶段的人生任务，我们期望的那种舒服和享乐，在每个阶段都有，但同时也伴随着忧患，相辅相成。金庸先生的武侠世界里，"降龙十八掌"非常有名，他的招式的名称来源于《周易》中的乾卦。如果我们用"乾卦"来看一个人一生的轨迹的话，大概应该是这样的。

乾：元，亨，利，贞。

初九：潜龙，勿用。

九二：见龙在田，利见大人。

九三：君子终日乾乾，夕惕若厉，无咎。

九四：或跃在渊，无咎。

九五：飞龙在天，利见大人。

上九：亢龙有悔。

初九，龙尚潜伏在水中，这个时候需要养精蓄锐，暂时还不能发挥作用。这像是人一生的求学阶段，学习就是养精蓄锐的时候，不断地完善和充实自己，等到后面去发挥作用。众所周知，学习是辛苦的，需要持之以恒，日复一日地磨炼，但这个时候的苦难是必要的，是为了以后的腾飞。九二，龙已出现在地面上，利于去见德高势隆的大人物。这个时候大概是初入社会的时候，开始慢慢施展自己所学，逐渐崭露头角，可能会在社会中碰到某些大人物。九三，在社会上施展自己的抱负，在得到大人物的重视和提拔之后，并不骄傲自满，而是整天自强不息，晚上也不敢有丝毫的懈怠，时刻提醒自己需要不断地充实，做人需要中正，这样即使遇到危险也会逢凶化吉。这个阶段大概类似我们的青年到中年的时候，在社会上有了一定的经验，也可能骄傲、自满、得意扬扬。而《周易》告诉我们，即使做到了中层领导，也不能够放松警惕，危险永远都在身边。九四，龙或腾跃而起，或退居于渊，均不会有危害。因为能审时度势，故进退自如，不会有危害。这更类似于我们在青年到中年时期的转折，如果能够如前三爻一样，再加上天时地利人和也许我们可以腾跃而起达到飞龙在天，自我实现；但是世事无常，又或因其他各种原因，我们也可能需要审时度势退居于渊，重要的是我们在这个时候对自己要有清醒的认识，做出对的选择。

九五，象征德高势隆的大人物一定会有所作为。说明自己的警醒和储备终于有所成就，达到了自己最辉煌的时刻。上九，龙飞到了过高的地方，必将会后悔。因为物极必反，事物发展到了尽头，必将走向自己的反面。乾卦里面似乎没有多少享乐的成分存在，强调的是君子终日乾乾，夕惕若厉。中国的哲学体系中似乎也少有提到享乐的思想，更多的思想都在于自身的修养，我们需要时刻知道自己的不足，检视反省自己，或者去静心修炼，始终要有忧患的意识。苦难时刻提醒我们自己的不足，有苦难的磨炼，才有人生的更高成就。

在西方的存在主义哲学中，苦难也是有意义的。存在主义心理学家维克多·弗兰克尔总结，我们人的人生意义建立在价值感的获得上。通俗地讲，当我们觉得自己有价值的时候，我的人生就是有意义的。价值感从何而来呢？弗兰克尔总结有三种：创造性价值、经验性价值和态度性价值。创造性价值来源我的创造、发明、工作成就、生命繁衍；经验性价值来源于我生活中的爱与被爱的经验；态度性价值则来源于我们的苦乐经验以及在困难中的选择。我们的生命的意义必须通过以上三种价值，也就是创作、爱、苦难去体现出来。也就是说苦难让我们感觉到我的生命是有意义的。弗兰克尔用了一个生动的例子来说明苦难的意义：一位老先生进入咨询室中哭诉自己在失去了老伴之后的种种痛苦、失落和孤独，这些负面的感受正在逐渐压垮他，让他无法振作，无法继续生活。弗兰克尔问：如果您和您的太太互换位置，是您提前离开，而太太现在活着，她会怎样呢？老先生说：她会像我这样的难过、痛苦。弗兰克尔又说：您那么爱您的太太，您肯定不会希望由她来承担现在的这份痛苦。老先生似有所悟，深深地握住了弗兰克尔的手，离开了。这份失去的痛苦，对于老先生来说不再仅仅是痛苦，而是一种承担，一种爱，一种自己继续活着的意义，由自己承担这份思念和失落，让爱的人开心的意义。

从心理学、心理成长的角度来看，走入心理咨询室的来访者都是有自己的苦难的。在苦难引起内心的困惑、不安或者冲突的同时，也带来了个人心理的成长。尼采所说"那些杀不死你的，只会让你更强大"。心理学里有一个类似含义的词语叫作"创伤后成长"。指的就是个人在经历重大的打击、心理创伤之后，所出现的积极的、治愈性的、成长性的变化。想一想你的身体在被划伤或者磕破之后的伤口，身体可以自愈恢复，也催生了自己的新陈代谢，心灵也会这样吃一堑长一智。创伤后成长，不仅仅意味着伤口的愈合，更代表的是经历创伤后个体的心理功能超越了之前的水平。不知读者是否经常在动漫、武侠、影视等作品中发现这类情节，主角被反派压制，几乎就是失败了、陷入绝境了，但是主角通过一段回忆、一段隐姓埋名的历练，跌入深谷的境遇等等，终于领悟了某种至高至上的法门或者力量，最终打败反派，听起来是不是很熟悉的情节呢？如果你想不起来，可以回忆下，基本上所有的英雄人物都有类似的经历，比如张无忌、小龙女、孙悟空、雷神、钢铁侠……这些故事都类似于创伤后成长的一种戏剧化的演绎。在经历苦难、挫折、困境的时候，同时也带来了一次成长的契机。

　　如果我们用这样的视角、观念再去看一下我们在这一章开始提到的西西弗斯。他日复一日地无用劳作无疑是悲惨的、苦难的，似乎也是没有意义的。每天努力地推，看着它落；努力地推，看着它落，这是诸神的惩罚，为的就是消磨掉西西弗斯内心的火花。其实真正让诸神害怕的不是西西弗斯，而是西西弗斯内心的那种自由意志，或者用王阳明心学中的词叫作良知。西西弗斯的内心不会按照绝对命令办事，而是遵循内心。在故事中，他体会到了父亲的痛苦，将宙斯的信息透露给那位寻找女儿的父亲；在从地狱回来埋葬自己躯体的时候，深深地爱上自己生活的土地、生命，再一次违反了神的旨意。西西弗斯始终"知道"，始终有自己内心的判断，不为"神"的旨意所左右。这种知道对于西西弗斯来说就是自己生命的价值、生命的意义。也许在接受惩罚的时候会后悔，但终究西西弗斯就是这样的人，在苦难中体会着自己生命的价值。

　　我们现实生活中也有很多西西弗斯，在不断重复循环的痛苦中，感觉到自己还活着。与西西弗斯相同或不同的是，部分人如西西弗斯知道自己必须经历这样的苦难与重复才最终能够实现价值，比如那些在辛苦的学习生涯中主动坚持的人，他们有自己的选择，主动迎接日复一日的挑战；部分的人却不如西西弗斯，他们甚至可能都没有意识到自己在苦难中循环往复，比如那些反复进入具有破坏性的情感关系的人，为什么总是遇到渣男？他们无法意识到来源于自己内心的缺失，无法成长因此总是在相同的错误中重复，这样的重复就真真正正地成了一种惩罚。

第七章

拥有诗和远方的能力

生活不止眼前的苟且，还有诗和远方的田野

你赤手空拳来到人世间，为找到那片海不顾一切

我独自渐行渐远，膝下多了个少年

少年一天天长大，有一天要离开家

看他背影的成长，看他坚持与回望

我知道有一天，我会笑着对他说

生活不止眼前的苟且，还有诗和远方的田野

——歌曲《生活不止眼前的苟且》

有心的生活

有多少人有过"洗心"的概念或者意识？我们都会定期地清洁自己，保持干净，那么心呢？能不能够定期地清洁一下，以保持长久的新鲜活力呢？洗澡、洗手我们可以用清水，也可以用沐浴露、洗手液，那么"洗心"又有哪些好的方式呢？能够洗心的前提是我们的生活中需

要有心，怎样才算是有心的生活？这与前一章所提到的空心肯定是不同的。空心的生活体现在一种整体的生活状态，有心的生活也会体现在生活的很多方面，我可能无法去描述和界定清楚怎样的生活是有心的生活，毕竟千人千面，每人都有自己的生活方式，就让我们用下面的几个故事来体会一下怎样是有心的生活。

荣格，瑞士心理学家，来自一个牧师家庭，家族中也有很多叔伯是神职人员。荣格自小算是一个比较奇怪的孩子，经常和自己内心的幻想玩耍。在他四五岁的时候，曾经做了一个印象深刻的梦，后来成年后逐渐意识到这个梦带给他的一生的影响。在 25 岁的时候，决定自己未来的专业方向为精神病学，开始研究神秘现象，逐渐成为弗洛伊德学说的支持者，相当于弗洛伊德学派的"皇太子"地位。在 34 岁的时候，与弗洛伊德共赴美国克拉克大学进行演讲，因为双方对于荣格自己的"地下室梦境"的分析，与弗洛伊德发生了理论和观念上的分歧，37 岁的时候与弗洛伊德关系破裂，发展自己的分析心理学学说。在彻底决裂之后，荣格进入了个人探索、直面无意识的阶段，像一个独行侠一样，从外面的现实世界撤回，一个人走近了无意识的世界进行探索。在这个探索的过程中，荣格自己的精神世界几近崩溃，在旁人看来也有一些类似精神分裂症的表现。每当荣格感觉到被精神世界吞噬的时候，他就会通过到住所的旁边用河边的石头开始做一些建筑工作、做瑜伽这样的一些身体的事物来稳定自己。这期间荣格的分析心理学学说逐渐完善，有很多著作、文章发表。45 岁的时候，这种探索仍未停止，在进行心灵探索的同时，手上的工作也没有停止，这一年他开始自己动手一砖一瓦建造自己的塔楼。3 年多的时间初步完成，荣格自己就居住在里面，过着简朴原始的生活……在荣格看来，这种艰苦的手工工作具有让他放松下来的神奇功效，对于他来说这就是洗心的事情。从皇太子到一无所有，从城市生活回归到原始生活，我们可以看到荣格的生命一直都有"心"相伴，知道自己的心在哪里，心之所向，心之所求，如何心安，如何洗心。

一个心理学家可能很容易和心接触，那么我们再看看另外的一个人物，苏轼。

苏轼，唐宋八大家之一，有很多的别称和身份，苏东坡、东坡居士，文学家、书法家、美食家、画家，全才式的巨匠。二十一岁与父亲、弟弟赴京参加科举考试，被主考官欧阳修发现并极力推崇。后来因为与王安石的政见不合，自请出京任职，先后任杭州通判、徐州知州，在任期间颇有政绩，治洪水、修长堤，保一方百姓平安，后提拔任湖州知州。上任后给当时的神宗皇帝写了一封谢表，谢主隆恩，但因为一些豪放的措辞，被有心人借题发挥，引发了历史上有名的"乌台诗案"，牵连甚广。因很多朝臣为其辩驳，才免于死罪，贬为黄州团练副使。苏轼当时心灰意冷，多次游览黄州的赤壁山且写下《赤壁赋》《后赤壁赋》等佳作来表达自己的感情，还开垦了城东的一块坡地来种田糊口，才有了东坡居士的称号。一般人在经历此次受挫之后，多少会学会一些经验教训，什么伴君如伴虎、官场政治等等，但这都不是苏轼！后来宋哲宗继位，又重新启用了苏轼，升任了翰林学士。当苏轼看到新兴势力非常冒进，企图尽废王安石新法，又再次向朝廷提出谏议。对旧党执政腐败现象进行了抨击，由此他又遭诬告陷害，再度自求外调，第二次来到了杭州，帮当地百姓整治了西湖，修建了苏堤。再后来又一次被启用，又因政见不合，调任颖州，然后连续 3 年接连被贬，一直被流放到了儋州，也就是现在的海南岛。苏轼的仕途可谓跌宕起伏，甚至有点儿心惊肉跳，忽高忽低，初看的人会觉得他像墙头草一样，一会儿支持旧党不变法，一会儿维护新党变法；一会儿替保守势力讲话，一会替新兴势力讲话。其实不然，这些看似摇摆的做法其实是因为苏轼自己对于国家政治、经济的发展有自己坚定的看法，并且无论时局如何变化，他都没有改变过。你能说他不是在过一种有心的生活吗？

　　说了两位男性，我们再来看一位女性，李清照，千古第一才女，宋代女词人，婉约派代表。李清照出身于书香门第，父亲为苏轼的徒弟，母亲也是状元的女儿，家中藏书丰富。父母的自身素养与营造的家庭环境潜移默化地影响了李清照的文学素养。待字闺中的时候就已经在当时的文坛崭露头角，比如《如梦令》：昨夜雨疏风骤，浓睡不消残酒。试问卷帘人，却道海棠依旧。知否，知否？应是绿肥红瘦。想必在今天这首词大家也是耳熟能详，电视剧《知否知否应是绿肥红瘦》的同名主题曲就是用的这首词填的词。在 18 岁的时候，与赵明诚成婚，共同致力于书画金石的搜集整理，可谓是琴瑟和鸣、夫唱妇随，两人志趣相投，又惺惺相惜，这段时光可以算是李清照这一生的高光时刻了。尽管在这期间夫妻因为朝廷的党争，陆续受到牵连，被迫分居，丢官罢爵，但仍旧是幸福的。在 49 岁时，李清照到达杭州，这时她与赵明诚所收集的图书文物基本已经散失殆尽。孤独感、无助感、颠沛流离的逃亡生活使李清照陷入绝境。孤独无依之中，她再嫁张汝舟。但其实张汝舟并非良人，早就觊觎她的那些书画收藏。当婚后发现并无多少财物时，便大失所望，不断口角谩骂，甚至拳脚相加。张汝舟的野蛮行径，使李清照难以容忍，后发现张汝舟还有营私舞弊、虚报举数骗取官职的罪行，李清照便报官告发了张汝舟，并要求离婚。经查属实，张汝舟被除名编管柳州。李清照虽被获准离婚，但宋代法律规定，妻告夫要判处3年徒刑，故亦身陷囹圄。后经多方亲朋的营救，在关押9日之后获释。在这一次挫折之后，李清照并没有就此消沉，反而激发出了她的另一面，诗词创作的热情更趋高涨，她开始把眼光投到对国家大事的关注上，自己颠沛流离的身世与当时社会环境的动荡是分不开的。后世对她文学造诣的评价不乏溢美之词，但对于她颠沛流离的生活却褒贬不一，尤其对她再嫁张汝舟的事情。实则无论是谁，我们都不是李清照，都无法完全明白她做出种种决定的内心是怎样的，哪怕这个决定是错误的，我们也看到了李清照纠正错误的勇气和决心。对李清照来说，这也是有心的生活，有对赵明诚的爱心，有对文学的衷心，有对于命运的反抗心。

有心的生活大约也就是这样吧，有心的生活，并不代表成功的生活、别人羡慕的生活，而是对自己来说，知道自己要过怎样的生活。

认识和尊重无意识

无意识这个概念到现在，可能已经人尽皆知了。无意识的发现和确认是人类心灵成长过程中的一个巨大的进步。弗洛伊德发现了无意识的存在，肯定了个人无意识在一个人心理世界的重要性。而荣格的发现又更进一步，提出不仅个人有无意识的部分，整个人类群体也拥有共同的无意识部分。通常情况下，会用冰山来形容意识和无意识的关系，冰山水面之上的是意识部分，水面之下的是无意识部分。集体无意识就类似于大海，这座冰山所在的海，所有的冰山都漂浮在这一片大海里。

荣格提出了集体无意识的概念，它指的是那些在我们漫长进化过程中所存留下来的一些痕迹，以原型的形式存在着。这些集体无意识的内容无法用我们的意识去了解，但是可以通过原型的方式让我们观察到。比如最简单的怕黑、怕蛇，是全球各地都会出现的共同主题。我们在日常生活中经常受到原型力量的影响，但更多的时候是"百姓日用而不自知"。举个例子，我们可能会经常在电视里看到一些宣传片或纪录片，某个医生护士积极地奔赴前线，救死扶伤，不顾自己的安危。我们会很容易被这样的情结所感染，产生一些激动、兴奋、感动、感激、希望、使命等的情感体验，这就是一种原型的力量，一种英雄之旅，英雄出征的原型。

心理咨询过程中不断地说，一个人要心灵成长。如何才是心灵成长呢？心灵成长可能意味着自我实现，意味着人格整合等等，每个流派的说法可能不尽一致。但基本大家同意的是，心灵成长的一个基础是一个人更能够了解自己，更能够接纳自己，更有力量活成自己。了解自己了解的是什么呢？在咨询过程中，这种了解往往都是来自个人无意识、集体无意识中的内容。冰山下的部分，以及所有冰山处于的大海就是我们要去了解和尊重的。我们在荣格的故事里看到，他的有心生活是一直伴随着自己的无意识领域的，是在对无意识的不断了解、不断探索的过程中，逐渐找到了自己的生活意义，逐渐更多地了解了自己。

科学的思维非常强调头脑、逻辑、理性、智力等等，这些毫无疑问都是意识的功能。唯物主义的观点强调我们的物质世界属性，以一切可见、可得、可用的物质为基础的世界观，让我们对于这个世界感觉更加有把握。同时也逐渐让我们认为，拥有理性逻辑可以做任何事情，反而忽视了我们内心中的无意识力量。在我们每天的普通生活中，无意识都在发挥着作用，我们路过一家商店莫名地被吸引，我们不经意间的一个口误，我们下意识的一些肢体动作都可以隐约看到无意识的痕迹。通常情况下，我们的无意识反应更加本能和迅速，可以帮助我们下意识地躲避危险，不仅仅是现实的危险，还包括一些潜在的危险，也就是那些"觉得不对劲"的感觉。

认识和尊重我们的无意识，可以让我们更加了解自己，了解自己的内在，了解自己的行为模式，了解自己内在的动力。比如一个工作生活中的老好人，总是无法拒绝别人，尽管有的时候不愿意，也要很委屈地帮助别人，神奇的是他自己知道自己的毛病在哪里，却总是无法控制和改变。如果从无意识的层面去看，这个人的内心可能极度害怕被别人不喜欢，总是无意识地觉得自己会被抛弃，有这样的内在潜在观念，才促使他在行为表现上永远都无法拒绝别人，因为拒绝等于抛弃。在咨询过程中，当来访者最终意识到，这样的生活方式来自无意识中的某些内在观念之后，我们就可以在意识层面进一步探讨，是否有替代的办法去满足内心的需求，又不会让自己委屈。在这个议题上，无意识和意识达成和解，议题解决。

认识和尊重无意识，还可以让我们多一个天赋，能够更了解对方的潜在语言，促进人际关系。作为老师，在上课的时候，有经验的老师会观察到自己的课程内容对听众产生的影响，效果如何，他们是否感兴趣，爱不爱听，听不听得懂，这些信号都是无意识传递出来的，比如通过听者的坐姿，是向后靠还是向前靠，是点头还是皱眉等这些微小的动作。成年人大多都学会了"假装"，假装老师讲得很好，我很有收获，但是那些通过无意识细微处传达出来的信号，在我们了解他人的时候却更有价值，比如虽在点头、记笔记，但是脚尖却不自觉地朝向了门口；比如仍旧在点头，却身体靠后，两手交叉抱胸……这都可以说明听者有想出去、不想听的想法。而这就是无意识的信号。

有人可能会问，那我要如何了解自己的无意识？我们可以通过自己的反思，通过第三方对自己的反馈看到自己没有看到的，也可以通过想象活动，当然更简便的方式也就是通过我们的梦了。

夜的眼睛——梦

我们一生有三分之一的时间是在床上度过的。每个晚上每个人大约会有三四个小时处于快速眼动睡眠期，这个周期就是我们在做梦的时期。粗略地估计，我们一个人一生，如果按照 90 岁来算的话，大概一生会做 10 万个梦。如此巨大的数量，难道不应该引起我们的重视吗？这 10 万个梦同样是我们人生中重要的一部分。可想而知，如果我们可以了解这 10 万个梦所表达的信息，就好像是我们在黑夜中也多了一双夜的眼睛，让我们看得更远、更深，对自己有更多的了解。

其实自古至今，在全球范围内我们都能够找到人们对于自己的梦境重视的案例。无论是中国的庄周梦蝶、周公解梦，还是印第安人的梦，又或者是现代科学中的科学家启示性的梦，都可以证明，梦对于一个人生命发展的重要性。19 世纪的化学家凯库勒，因在梦中梦到了一个首尾相衔的蛇而受到启发，猜想出了苯环的结构式；发明家赫威，做梦梦见一根刺向自己的长矛的尖头有一个孔洞，于是受到启发解决了缝纫机的针眼问题；作曲家塔蒂尼在睡梦中听到一首优美的曲子，醒来后谱成了名曲《魔鬼的颤音》……这些想必就是夜的眼睛——梦所带给我们的重要价值吧。

　　作为一个普通人，我们如何与自己的梦相处，又如何把我们的梦变得为自己所用，是一个值得思考的问题。首先我并不赞同我们的梦可以以实用性或者功利性的目的变成我们的工具，这是危险的，也是不道德的。梦来自我们广袤的无意识海洋，我们的意识仅仅能够探查到很小的一部分。所以以我们的意识能力，或者是全球最厉害的释梦大师，哪怕是弗洛伊德都无法完全地解释和还原梦境中的所有信息。所以我并不主张当在生活中碰到一个难题的时候，我们就放弃思考，托付给梦境，托付给某种神秘力量来给我们答案。前文所述的那些受梦启发的发明创造的前提都在于梦者本人都专注于对自己问题的思考，当种种的思考、逻辑都很艰难地在发挥作用的时候，梦境或者我们的无意识会响应这种艰难给予我们启发。所以面对无意识我们无法功利，唯有尊重。

　　那么，梦于我们有什么用处？这其实需要首先解释我们为什么会做梦，有这样的五种观点。

　　（1）认为做梦的时候是大脑在休息的时候。我们的大脑没有淋巴系统，在做梦的时候，大脑会产出一种液体，充盈整个大脑空间，类似于在进行清扫的工作，所以梦对于我们大脑的精力恢复至关重要。

（2）日有所思夜有所梦，梦是我们白天意识的一种延续。白天在意识层面冥思苦想的问题，在夜间我们的无意识可能会赋予我们答案。

（3）梦是愿望的补偿。我们在现实生活中不能够完成和实现的事情，在梦中用补偿性的方式呈现出来。比如在现实生活中，很想吃某个东西，白天没有吃到，在晚上的梦境中可能就会梦到自己正在大口大口地吃。

（4）梦是我们心中原始人的表达。它没有什么目的，就是我们心中集体无意识、个人无意识的一种自发的表达，一种展示。

（5）心理学家荣格认为，梦的目的在于回应无意识的困惑，以及整合意识与无意识之间的矛盾。梦境所呈现的画面实际是在传递信息，补偿无意识的需求。所以如果去分析我们的梦境不仅可以探查到自己内心隐秘的角落，还具有预示的可能性。

梦对于我们有如此多的用处，可以让我们未满足的愿望得到满足，可以让我们的大脑得到休息，可以让我们得到来自心灵的启示，既然如此有用，我们可以做些什么呢？

与自己的梦相处，如果一定要按照一种步骤来，我们可能首先需要去记录梦境。在清晨，醒来的第一件事，就是将夜间的梦境记录下来。也可以随意一些，只是去重视那些你清晨醒来仍然能够记得住的梦境。那些能够记得住的梦对你来讲意义非凡。我们可能无法很快解释出它的含义，但是记住，存放于心，就已经是对于解梦的一个最有用的步骤，也许在某个时刻你梦中的启示会突然闪现，你就会明白它的含义。

荣格在他三四岁的时候做了一个影响到他一生的梦，当时的荣格很难去理解那个梦能够告诉他什么，但是这个梦却时刻留存在他的心中，在无意识中影响他未来人生的每一个可能的选择。我们大多数人可能并不会有这样清晰的记忆，在幼年的时候一个梦影响到了你一生的选择。部分人可能会在青少年或者成年后有这样的体验，做了一个印象深刻的梦，然后我们的生活随之改变。我自己就做过这样的几个梦。大约在读研期间，那段时间正好在研究"重男轻女和女性男性化"的问题，然后我做了一个梦，梦到了一个地底喷泉，在向外涌出水来。开始的时候冒出来的水比较脏，是浑浊的，掺杂着泥土，但是水越来越清澈，慢慢地由浑浊转为清澈干净。

第二天早上起来，我对这个梦一直印象深刻。拿着牙刷洗面奶去公共水池洗脸的时候，抬头在镜子里面看自己，突然觉得自己今天很女人，唇红齿白。洗漱完毕和室友一起去吃早餐，室友也说，我怎么觉得你今天那么好看。然后我们就一起讨论了我的那个梦。也许女性的感觉就像这个泉水一样，温柔、清澈、滋润，多天以来的研究让我潜移默化地去思考一个女性应该是怎样的，让我看到自己身上被男性化的部分。但是女性的生命力仍旧在，她不断涌出，冲走了泥水混杂的浑浊部分，留下清澈的山泉。这个梦对我影响很深，它让我对于女性的力量有了更多的肯定，有了更新的认识，也让我见识到梦的力量对于我们现实生活的影响。那么你呢？你有没有做过这样一个对你影响深刻的梦，让你意识到你的梦的价值。如果有，你也可以用好这双梦的眼睛，然后更加看清楚自己。

提升幸福感的积极体验培养

如果要拥有追求诗和远方的能力，仅仅向下探索，了解无意识、集体无意识可能还远远不够。向下探索的同时，我们还需要有向着远处前进的能力，而积极的情绪体验就类似于我们的这种前进的能力。在积极心理学的研究里，认为人的主观幸福感由三部分构成：积极情绪、消极情绪和生活满意度。体会到幸福感就在于如果我们的积极情绪比例大于消极情绪的比例，那么就可以得到幸福感的提升。而我们平时提到情绪、情绪管理往往都是指向消极的情绪体验，似乎很少去关心，怎样去提升积极情绪体验？积极情绪难道可以培养出来吗？

积极情绪是可以培养的。现代流行于世界各地的积极心理学告诉我们，积极情绪是可以培养的。改善自己的情绪需要做的不仅仅是管理负面的消极情绪，还应该去增加自己所体验到的积极情绪的比例。心流，或者叫作福流，英文名称 flow，指的是当我们去从事需要一定的挑战，并且自己感兴趣的活动的时候，全身心地投入所体验到的一种状态。在这样的状态下我们会忘记时间、忘记环境，专心地投入。在这样的一种体验下我们会很容易产生自豪、愉悦、成就感，而这些就是我们所说的积极情绪的体验。想一想在你的生活中，你是否有过这样的时刻呢？它不是在你追剧的时候，一定是你在完成一项有挑战性活动的时候，因为追剧需要的是体力而不是挑战。它更像是你在一气呵成地完成作业，专心致志地完成喜欢的拼图、手工；又或者是在全身心的放松冥想时产生的体验。

定期地洗心，过有心的生活需要我们具备一些基本的能力，能够在日常生活中发现、制造出让人感觉到有希望、宁静、激动等维度的积极情绪体验。有研究认为积极情绪至少有以下五个显著的功能。

（1）积极情绪对"认知—行为资源库"具有扩展功能，使得个体的认知与行为系统更为开放、灵活，并且使得个体持久的发展资源得以建构。

（2）积极情绪的价值并不局限于一时一地或某一特定环境，而是会使我们不断地成长，建构起长久的心理资源。积极情绪能够建构我们的个人资源和社会资源。

（3）积极情绪使思维活跃，更有创造力。帮我们冲破一些思维的定势或限制，使我们的思维更加开放、更加灵活、更具有创造性。

弗雷德里克森曾做过这样一项研究，用包含不同情感的影片片段来激发被试者的情绪状态。在此基础上，让被试者在规定时间列出一个"我想要做什么"的单子。结果发现，喜悦状态下的被试者列出"我想要做什么"的单子最多，其次是没在任何积极、消极情绪下的对照组，愤怒情绪下被试者列出来的最少。美国康奈尔大学的著名情绪学家艾森还曾用测量创造力的经典任务——"蜡烛任务"直接验证积极情绪对创造力的促进作用。

（4）积极情绪促进身体健康，对寿命有积极的影响。积极情绪帮助我们建立一道抵御与预防疾病的免疫机制，让我们的身体更健康。

积极情绪也会使我们的身体发生一系列奇妙的化学反应，它会抑制那些与压力相关的激素分泌，平息或"还原"消极情绪引起的心血管应激反应，弗雷德里克森称之为积极情绪的"还原效应"（undoing effect）。

（5）积极情绪促进人际和谐；积极情绪对社会资源的建构效应也已得到科学研究反复证明。积极情绪促进友善、利他。积极情绪还能缩短人与人之间的心灵距离，消除不同群体的人际偏见，最终让我们收获更加和谐的人际关系。我们的好心情和小善举也会感染他人，由此使得积极情绪的建构效应好似涟漪一样在人与人之间扩散开来，在我们生活的整个社会激起良性循环。

那我们要如何去创造自己的积极情绪？

练习冥想。现代的脑科学研究已经证实冥想能够激活大脑中的积极情绪的部分。持续不断的冥想练习有利于提升一个人整体的积极性。另外冥想过程中，在提升自己积极性的同时也降低了人们与消极情绪待在一起的时间。随着冥想练习时间不断地变长，效果也越加凸显出来。我们可以采用自助的方式冥想，互联网的普及让人类的生活变得更加便利，网络上可以搜索到很多的冥想引导语音、视频信息，也可以买一本书，或者下载一个冥想 App。冥想的过程中要的并不是摒除杂念，而是以一种旁观者的心态去注视自己所产生的种种杂念，随它去任它来，直到一个杂念与另一个杂念之间的空隙逐渐增大，人的思维就在这样的空隙里进入了一种活在当下、无忧无虑的虚空状态。

如果你想进行自助冥想练习，可以遵循以下四个步骤。

（1）找一个不被打扰的时间和安静的地点，用舒服的姿势坐好。

（2）闭眼，静心体会下自己的身体，做一个身体扫描，从头到脚。有意识地进行肌肉放松，将注意力集中在呼吸上，让身体与你的当下联结。

（3）让思虑和杂念自由来去，应对思虑和杂念不是去赶走它们，而是把注意力放在自己的呼吸上，体会自己身体与当下的融合。

（4）当杂念再次出现的时候，试着让自己的意识去观察它们，慢慢你就会觉察到杂念本身与感知杂念的意识是两个独立的存在，然后把意识从杂念上收回来，转而投向感知杂念的那个意识，即向内收摄意识。如果你可以做到那么你的思维就会进入一种无忧无扰的虚空状态。

其次，我们可以用一些更加积极的策略，比如：去表达感恩、去记录身边的快乐小事、去使用自己的积极心理品质等。当积极情绪大于消极情绪比例的时候，你的主观幸福感也会随之提升，在一个人幸福的时候也更适合做一些远景的规划，这是不是就是诗和远方呢？

中国人的心性修养

说到心理健康，有心的生活，诗和远方这些远景的东西，在不同的文化背景下，看法是不同的。要达到心理健康想必也会存在不同文化背景下的差异。对于中国人来说，要怎样才能达到心理健康呢？中国文化的背景，似乎原本就是非常注重心性修养。佛教或者佛家里说的是要修行，破除我执；儒家文化里强调的是修身，克己复礼；道家体系下也是有修炼、体悟、无为等等，这些都是中国文化里的心性修养关键词。

在中国文化下，我们通过修行、修炼等方式，在身体层面得到锻炼的同时，其实也在提升自己的心理健康。这与西方的文化是不同的，在中国的文化中，我们一直认为人是可以通过"修"，来达到"天人合一""道""佛"的。我们每个人都具有可以成为大成者的基本潜能，每个人都可以成为更好的那个自己，前提只要我们可以按照不同学说中的要求去修养锻炼。而这一点与基督教文化的背景是截然不同的。

那要怎么"修"呢？首先要修的就是自己的身体，把身体与心理连接起来。在现代西方的医学理论模型的影响下，我们倾向于把身体和心理区分开来。近几年各大医院也陆续开设了心身医学科，让我们看到了现代医学发展中的一种转变。医学领域越来越认识到我们的身体和心理或者是精神是无法严格地区分的，它们是相互影响的。

这一点其实在我们中医学的理论中一直都有强调。在中医理论中，把人体看作是一个完整的系统，各个脏器、身体的部位，都有自己的独有的职责，比如《黄帝内经·灵兰秘典论》中讲：

心者，君主之官也，神明出焉。肺者，相傅之官，治节出焉。肝者，将军之官，谋虑出焉。胆者，中正之官，决断出焉。膻中者，臣使之官，喜乐出焉。脾胃者，仓廪之官，五味出焉。大肠者，传道之官，变化出焉。小肠者，受盛之官，化物出焉。肾者，作强之官，伎巧出焉。三焦者，决渎之官，水道出焉。膀胱者，州都之官，津液藏焉，气化则能出矣。

各个器官组合起来，整个人体系统就像是一个国家一样，脏器行使自己的职能，相互协调配合，共同管理这个身体国家。而疾病就会出在系统中某个环节的薄弱导致的运行和管理不畅。这和西医学的理论有很大的差别，西医学对于消除症状非常拿手，但是对于人体这个系统却不甚了解。

在各个器官的配合中，还有一个很重要的君主，就是我们的心。"心者，君主之官也，神明出焉"，我们认为心是和我们整个人体的精气神有关的部分，心有主司人的精神、意识、思维、情志等心理活动的功能。（此心非彼心，中医所讲的心代表的是一个象征性的符号，一套系统，与西医解剖的心脏实体不是一一对应的）。这让我想到我们国家关于"心理学"对应的翻译"psychology"。现代的心理学，如果了解这个领域的人，就会知道现代心理学的主要研究前沿，学术成果往往都集中在脑认知、脑神经的方面，让人感觉已经快成了"脑理学"。但是心理学还是心理学，或者其实我们很多普通大众所认为的心理学还是和我们的"心"更相关。在这里可能就需要每一个读者自己去思考一下了。你认为的心理是和心更相关还是和脑更相关呢？我们的心理活动、我们的情绪体验是从哪里来的呢？

正如文字所写，"心理活动"，大多数国人会默认这是内心的活动，而这个心并不是脑。据统计，在中国的汉字中有"心"这个部首的字（包括心字底、竖心旁）是最多的，我们也会把很多表达情绪、心理活动的字造成是有"心"的，比如喜悦、愤怒、悲伤、开心、焦虑、烦恼、忧愁、慈爱……我觉得这并非偶然，我们的文化里会认为心理这个事情不完全发生在脑电波、神经传输里，还有人类更高级的心灵、心的部分。我们的情绪体验，高兴、悲伤、愤怒和恐惧难道仅仅是大脑的神经电信号吗？仅仅是神经细胞之间的递质传递吗？如果仅仅是这样的话，那我们人类作为万物之灵似乎也没有那么高级。

在中医这样一门与身体健康有关的学科里，除了上述的内容，存在很多关于心身一体的论述，要提升我们的心性修养，就要首先从我们的身体开始，把身体与心理连接起来。除了典籍中所述，在我们的日常生活中，也会观察到很多心和身相互关联的现象，但是可能大多数人都没有去注意。比如"压力山大"这个词语，比如我们考试前紧张的时候会想上厕所，又或者长期精神紧张会长痘痘；比如范进中举，狂喜而造成的疯癫，心理与身体相连。这些现象都说明我们的身体和心理状况是相互影响、相互作用的。不仅如此我们身体的表现也会反映出心理上的特点，比如一个任劳任怨的家庭主妇，可能会有肠胃的毛病，因为她需要把所有的委屈都"咽下去"。一个自卑的人和一个自信的人比起来，可能在走路姿势上都会略有不同，自卑的人更加内收，含胸驼背，自信的人可能更为挺拔；包括现在社会的医美行业的盛行，难道不是与我们的内心状态有关的吗？

这些举例其实都想要提醒大家去关注自己的身体，关注自己身体所提示出来的关于内心的冲突，关注自己的内心状况。有的时候在我们还没有意识到内心精神方面问题的时候，我们的身体已经提前进行了反应。所谓的修心，那么第一步肯定就是先去关注我们的身体，关注我们的身体所反映出来的心理信号。

然后如何"修"？关注了自己的身体，然后就开始要提升自己的精神境界。不同的学派可能会有不同的法门，打坐、读书、做事等等。提升精神境界需要另外一种连接，那就是和自己文化的连接，具体内容我们将在最后一章详述。心性修养本身是一项主动参与训练的活动，提升修养的目标，是为了提升自己的品行德行，就像是洗澡一样也为自己洗洗心，保持心灵的纯洁光明。在中国文化的背景下，其实大多数平常百姓都对修身养性非常有心得，很多前辈总是能够说出一些名言警句提醒后辈，很多古代的文人志士也都有很多的思考著作告诉后人如何提升心性修养，可以说，中国文化当中并不缺少修心的秘诀，也不缺少这项传统，但是反过来再去看下当下青少年的心理健康状态，却又让人若有所思，越来越多的抑郁、精神疾患，让我们不得不感慨。传统文化中的修心传统不应该是少数文人的把玩研究，而应当成为大众的成长基础，去伪存真、去粗取精、借古用今，提升全民的心理健康素养。

第八章

与自己文化的连接

那么我们要怎样去和自己的文化连接上,差不多可以分为三步,第一步兴趣,第二步了解,第三步感悟。

第一步兴趣,兴趣永远是最好的老师,如果你觉得前面啰唆的内容你可以接受,那你可能会产生一点儿好奇心。有了这个好奇心的促使,你可能就会有了最初的动力去做这件事情,接下来的第二步就尤其关键,很多人会在去了解的过程中逐渐开始打退堂鼓,因为庞杂,因为晦涩,因为要付出努力,坚持不易,所以开始的初心就非常重要。这就像你要去追一个女朋友,是需要付出一些心力的,期间还很可能被对方拒绝,尤其在这个时候就是恰恰考虑初心的时刻,你到底有多喜欢对方,是否是经过深思熟虑的,还仅仅是一时冲动?如果仅仅是一时冲动,一遇到挫折是很容易放弃的;而如果你是深思熟虑的,可能会继续坚持,让对方看到更加全面的你,也更多地去了解对方。

第二步,去了解。兴趣仅仅是个开始,接下来面对源远流长的中国文化该从哪里入手呢?儒家?道家?《诗经》?《周易》?其实都是可以的,那就从自己的兴趣点开始吧,或者走到哪儿看到哪儿,入了门再系统,由少积多。比如我,最开始的时候我先从自己的名字开始。

　　我的现用名是马燕，在初中之前，我的名字被写作马雁。据说这个名字是爷爷取的，小时候并不知道他取这个名字的背后含义如何，长大后爷爷已经过世也无从去求证。从上小学开始我的名字一直被老师用错，写作马艳，似乎所有科目的老师都认为一个女孩子，顺理成章地应该用"艳丽"的"艳"字写在名字里。印象中也经常因为名字的问题被同学所取笑，同学们会觉得这是两个动物，有人叫这个名字特别奇怪，高年级的时候还有某些稍微有学问的同学知道，有一个著名的雕像叫"马踏飞燕"，因此开始叫我外号。

　　所以我的名字一直算是一个自己的心结，为什么要给我取这么一个名字？导致小学的时候书写自己的名字，我无论如何都写不好这个"雁"字，总是结构很奇怪，也曾经埋怨为什么这个字这么多笔画。不是厂太大，就是佳太大，这个字总是歪歪扭扭的、结构怪怪的。小学时我们的隔壁班级有一个男孩，叫郝雁，当时我还觉得他更搞笑，起个名字像个女孩子！结果妈妈说，"雁"这个字本来就是给男孩子用的，不是给女孩用的，由此引出了爷爷奶奶重男轻女的系列事件。

　　后来在上初中的时候，现在不记得是什么机缘，学校登记信息，在爸爸妈妈和我共同商量之下，我把雁改成了燕。神奇的转变就在一个字之间，上了初中之后，再也没发生被叫外号、老师写错名字的事情。初中同学们觉得马踏飞燕是个国宝级文物，取笑也变少了。至此便开始用现在的名字：马燕。我对于中国文化的探索，就是来源于这两个 yan 字。我想知道那些误会是为什么？为什么我会用这个 yan，而不是那个 yan，它们到底有什么背景寓意。故而我去查阅了《辞海》《说文解字》《世界文化象征辞典》《中国文化象征词典》《山海经》等一系列书籍，竭力想搞清楚这两个字是怎么回事。

要说一个人的名字对性格的影响，我觉得那肯定也不是决定性的因素，但是我感觉自己改名字的过程，对于我的成长有很重要的帮助。姓名，在汉代许慎《说文解字》中说"姓，人所生也，从女、生"。这是对"姓"的产生的阐释，说明姓名最早开始于母系社会，以女性为核心。姓是一个族群的标志，一个族群一般都是同姓之人。现代父系社会的发展，人们的姓都开始跟随父姓。名就是个人的区分。许慎的《说文解字》对名的解析是，"名，自命也。从口，从夕。夕者，冥也，冥不相见，故以口自名"。晚上看不见人了，如何辨认人那就用名。姓名相比较，姓是传承，名是更加个性化和自我的部分。

当然通过去了解自己的姓名，激发了我的下一步兴趣，就是对中国汉字的兴趣，我会好奇每一个字它最初是什么样的形象，代表了怎样的含义，又为什么演变成现在这样。这也是一种连接的方式吧！对古文字的了解和认识，再进一步促使我想要去挑战一些古文的阅读，指导一些古代的典故……这是我与文化接触的起始阶段，首先从感兴趣的话题逐渐展开、拓展，丰富了自己却也并不枯燥。

去了解还需要我们有足够的积累，在 2020 年刚开始的时候，我给自己定了一个计划，那就是除了工作学习那些常规的事情之外，今年我看的所有书籍都是古文书，今年就被我定为古文年。开始为了让自己有兴趣，看的《封神演义》。后来又看了之前朱建军老师推荐的《了凡四训》。我发现看着看着，越发能够看进去。两年前我曾经拿起过《了凡四训》，完全读不下去，看得只想睡觉。在 2020 年我又拿起这本书，却有了不同的感受。看来当你做好了准备，拥有了兴趣之后，一切都会变得简单起来。

第三步去感悟。去了解并不是为了增进知识点，而是应该能够在生活中、工作中去体现出来，无论是对自己的现实生活，还是对自己的精神生活都有一定的指导意义。李孟潮曾经说过 20 世纪 60 年代至 80 年代的几代人是受西方教育影响较深的几代人，我也是其中一员，上学的时候老师似乎对于古诗词也没有什么让我印象深刻的讲解，对于中国古代的哲学更是没有多少印象，只记得背过那些古文段落。从上学到工作前五年，连自己的意象体验中的画面也是很西式的，英国古堡、公主、绅士……但是这些东西在我人生变革的时候并没有拽住我的稳定。这几年的经历让我觉得作为一个中国人，最终还是要去寻找自己文化的根，就像卫礼贤、荣格一样，仍旧要在自己的历史文化长河中找到归属。

两年前的我，因为生活的巨变，无意识早就开始了被现在的我的意识所称作的"寻根之旅"。在 2015—2017 年我经历了一系列的事情，好友去世，换了工作，换了城市，做了母亲。这些事情都是会对人产生深刻影响的事件，也许因为我自己是学心理学的，也做过自我成长，平稳地经历了这些事情，但是仍旧觉得不够。无意识中认为仍旧需要有一些深层的变化。现在想起来，当时的状态更像是"解离"一样，我需要有一个东西把零散的、漂泊的这些东西重新整合回来，找到自己的主干。其实就是在这样的无意识的感应或者一念生中，让我又重新捡起大学时候接触过的中医，继而又发现了申荷永老师的核心心理学，和中国文化结合的心理学，原来竟是这里面的中国文化的内容在冥冥中吸引着我。

中医、周易、儒家、道家、佛教、历史等等这些内容都需要放在我们的生活中去体会，不是日用而不知，而是日用而有知，从节气到神话，从术数到哲学，从儒墨到老庄，中国文化一直重实用，本身就具有指导生活的价值，学以致用才能够真的找到自己与文化的连接，才能靠上中国文化的这棵大树。

参考文献

［1］汤可敬．说文解字今释［M］．上海：上海古籍出版社，
2018.

［2］朱建军．滋养和安顿我们的心灵［M］．北京：北京联合出版
有限公司，2018.

［3］黄帝内经［M］．姚春鹏，译注．北京：中华书局，2009.

［4］黄寿祺，张善文．周易译注［M］．上海：上海古籍出版社，
2016.

［5］贺毅，苏峰．中西文化比较［M］．北京：冶金工业出版社，
2007.

［6］［美］伊莎贝尔·迈尔斯，［美］彼得·迈尔斯．天生不同：
人格类型识别和潜能开发［M］．闫冠男，译．北京：人民邮电出版
社，2016.

［7］［美］兰妮．内向者优势［M］．杨秀君，译．上海：华东师
范大学出版社，2008.

［8］［美］韦伯．童年情感忽视·实战篇［M］．张佳芬，译．台

北：橡实文化，2018.

[9] ［美］米勒，拉斯廷，沙特尔沃思，等．婴儿观察［M］．樊雪梅，译．北京：中国轻工业出版社，2019.

[10] ［美］霍吉．习惯的力量：如何把成功所必需的事情坚持下来［M］．吴溪，译．北京：当代中国出版社，2004.

[11] ［美］布雷姆，米勒，铂尔曼，等．亲密关系［M］．3 版．郭辉，肖斌，刘煜，译．北京：人民邮电出版社，2008.

[12] ［美］查普曼．爱的五种语言［M］．王云良，译．北京：中国轻工业出版社，2006.

[13] ［美］诺尔斯特鲁普．情感吸血鬼：如何识别并逃离病态关系［M］．乔鸿，译．成都：成都时代出版社，2019.

[14] ［美］麦克凯，伍德，布兰特里．辩证行为疗法：掌握正念、改善人际效能、调节情绪和承受痛苦的技巧［M］．王鹏飞，李桃，钟菲菲，译．重庆：重庆大学出版社，2013.

[15] ［美］克雷格恩．青少年抑郁症治疗手册——短程精神分析心理治疗［M］．曾林，汪智艳，译．北京：中国轻工业出版社，2020.

[16] ［美］维奥斯特．必要的丧失［M］．吴春玲，江滨，译．南京：江苏人民出版社，2012.

[17] ［美］布莱克曼．心灵的面具——101 种心理防御机制［M］．毛文娟，王韶宇，译．上海：华东师范大学出版社，2011.

[18] ［美］弗兰克尔．追寻生命的意义［M］．何忠强，杨凤池，译．北京：新华出版社，2003.

[19] ［美］派克．少有人走的路：心智成熟的旅程［M］．于海

生，译．长春：吉林文史出版社，2007.

［20］［瑞士］荣格．荣格自传［M］．申荷永，高岚，译．长春：长春出版社，2018.

［21］马燕．原生家庭父母关系对个人自我概念的影响——以5名心理咨询个案为例［J］．读天下：综合，2019（16）：2.

［22］何莞婷，寇彧．处女情结与男性网民择偶行为决策研究［C］//中国社会心理学会．中国社会心理学会2008年全国学术大会论文摘要集．天津：中国社会心理学会2008年全国学术大会，2008.

［23］KROSS E, BERMAN M G, MISCHEL W, et al. Social rejection shares somatosensory representations with physical pain ［J］. *Proceedings of the National Academy of Sciences of the United States of America*, 2011, 108 （15）.

［24］FISHER H E, BROWN L L, ARON A, et al. Reward, Addiction, and Emotion Regulation Systems Associated With Rejection in Love ［J］. *Journal of Neurophysiology*, 2010, 104 （1）.

后　记

　　工作于小城市，作为一个心理学从业者而言，需要面对很多对心理学有误解的人。有的人认为心理学是神秘的，有的人认为心理咨询也类似看病抓药，有的人认为心理咨询师必然有自己的什么法宝，他肯定会有怎样的建议，我抓了药回去，吃上就好。虽然他们接纳和认可心理学、心理咨询，但是所有的人似乎都没有意识到，心理学或者心理咨询没有鸡汤那么好喝，心理咨询师也没有法宝可以一招制敌。

　　心理学研究的是人性，研究的是人心，目标是为了提升幸福感、心理健康水平。所有的这些，其实都很残酷地要求当事者要有足够的勇气去正视和面对自己、认清自己、了解自己，看清自己的界限，了解自己的阴影。经历心理成长的人，必然会经历挫折和苦难，经历不舒服和困惑，经历对于自己生命的深刻思考，唯有如此才可以成长。这没有捷径可以走，也没有神奇的大力丸可以吃，这是一个漫长的、带点儿痛苦的、伴随着冲突的过程。人性是一个很复杂的系统，像剥洋葱一样，层层防御褪下，次次泪流满面，也许才能最终抵达核心，获得成长。这条路坚持起来并不容易，我所接触的心理学工作者都是经过了多年的理论学习，经过了漫长的自我分析，经过了多次反复的内省反思，才最终具备了胜任的能力，走上了自己的岗位。

　　对于普通的大众来说，成长也尤为重要，也许有人会觉得既然痛苦，那保持原样就好了，何必要成长呢？反过来讲，不成长就真的可以安逸吗？我想也未必。从一个生命的诞生到最后的死去，生长也是它的一个使命，年龄在长，心灵可以不生长吗？在当前的社会中我们也的确发现有很多的青少年成长的困难，有时代的因素，有社会的因素，有家庭的因素，有个人的因素，越来越多的青少年不堪重负，心理危机事件频发，让人不得不感慨孩子们都怎么了？就是这样的一些感慨，促使我想要写这样的一本书，但是写完却不尽如人意，似乎仍然无法从根本上革除弊端。书不尽言，言不尽意，感觉完成了书写，却也只是个开始，未来仍旧任重道远。

　　实现心理成长没有捷径可循，唯有经过不断地反思和探索。如果现在有两种延缓衰老的办法，一种是用营养品、护肤品、日常锻炼这样循序渐进地实现；另一种是通过一个神奇的手术，让你整体的生命退回10年，你会选择什么？我想答案在每个人的心中，每个人的选择也都有说服自己的理由。心理咨询、心理成长的过程更类似于前者，就像我们平时嘴上挂着的"养生"，养生是一个漫长的过程，是一个需要自律的过程，会有很多的约束告诉我们如何做才是对身体最好的选择。尽管每天喝着枸杞，打着太极，但是也没有人能够说得出来，打一个月的太极可以让你长寿几岁，养生是一件无法量化的事情。也许就是这种无法量化，让这件事情很难坚持。但是对于那小部分能够坚持下来的人来说，往往得到了周围人的羡慕和敬佩。但现实中又有多少人会选择第一种呢？

所谓心理学，必然需要有心。这个心，在我的观念中，无论如何也需要与我们老祖宗的文化有关联，仅仅学会了一些知识、技术、理论是不足够的，我们需要有一颗心，一颗红心。中国的文化中是不缺少心的，甚至很多的哲学出发点都是修心。作为一个心理学的从业者，我深感与自己文化连接的重要性，深感心理学与文化科普推广的重要性，通过心理的科普，让更多的人了解自己，了解自己的模式，了解自己的关系，了解自己的界限，接纳自己的情绪，接纳自己的阴影，更好地适应生活，健康生活。